12MIN, 2WEEKS
나를 위해 투자하는 시간

트레이너 권준호 명지대학 사회체육과와 건국대학교 사회체육과(평생교육원)를 졸업한 그는 생활체육 지도자 자격증 보디빌딩3급, 실기교사 자격증 1급, 유아체육 지도자 1급, CPR 응급처지자격증 등을 가지고 있으며, 대한운동사협회 운동사, 퍼스널 트레이닝, 스포츠재활운동, 임상 운동, 스포츠 테이핑 등의 전문가로 활동하고 있다.

그동안 원투원 휘트니스 퍼스널 트레이너 매니저, 제네시스 휘트니스 퍼스널 트레이너 매니저를 거쳐 현재는 매드짐의 대표를 맡고 있다. 그는 여러 셀러브리티의 트레이너로도 유명하다. 배우 전혜빈, 임수향, 지윤호, 가수 이정현, 유노윤호, 가희, 이효리, 인피니트, 베스티, 작곡가 방시혁 등을 담당하였다.

그 외에도 도서 『전혜빈의 스타일리시 바디』의 감수를 맡았으며, KBS 〈아침마당〉, 서인영의 〈STAR BEAUTY SHOW〉 등 TV에도 출연하였고, 다수의 잡지에 운동에 관한 글을 기고하고 있다.

약속해, 그만 뚱뚱해지기로

2주 안에
몸매 만들기

권준호 지음

FIKA

DAY 1 바른 자세 만들기

1 엎드려 발 높게 들기
2 발 넓게 벌려 앉았다 일어서기
3 견갑골 모으기
4 상체 비틀어 무릎 찍기
5 플랭크 PLANK

DAY 2 기초 체력 다지기

1 등 접어 팔 펴기
2 앉았다 일어서며 다리 들기
3 팔 돌리며 어깨 회전하기
4 누워서 다리 들었다 내리기
5 발 뒤로 뻗어 옆으로 밀기

DAY 3 운동 없는 날

피곤하거나 근육 부위에 통증이 느껴지는 날
근육에 휴식을 취하기
반신욕 하기
(단, 과식은 금물)

DAY 4 균형 있는
　　　　바디라인 만들기

1 다리 옆으로 뻗으며 중심 이동하기
2 네 발 자세로 무릎 굽혀 다리 올리기
3 웨이브 팔 굽혀 펴기
4 누워서 손으로 발뒤꿈치 찍기
5 누워서 엉덩이 들어올리기

DAY 5 몸의 중심 허리

1 앉았다 일어서며 팔 접기
2 상체 숙였다 일어서며 팔 들기
3 허리 숙여 팔 옆으로 들어올리기
4 복부 늘이며 다리 뻗기
5 슈퍼맨 SUPERMAN

DAY 6 뒤태의 완성, 힙 라인

1 상체 숙였다 펴면서 앉았다 일어서기
2 다리 옆으로 뻗으며 중심 이동하기
3 팔 모아서 위로 올려 가슴 모으기
4 발 내리며 버티기
5 양팔 벌려 상체 비틀기

DAY 7 탄력 넘치는 허벅지

1 팔 들어 올려 등 접기
2 엎드려서 엉덩이 조이기
3 앉았다 일어서며 가슴 모으기
4 엉덩이 말아 올리기
5 상체 비틀어 버티기

DAY 8 안아주고 싶은
　　　　어깨라인

1 엉덩이 들어 무릎 벌리기
2 한쪽 다리 들며 상체 숙이기
3 무릎으로 팔꿈치 찍기
4 앉아서 상체 돌리기

5 • 앉았다 일어서며 몸통 비틀기

DAY 9 슬림한 팔 라인

1 • 다리 굽혀 앉아 상체 돌리기
2 • 옆으로 누워 무릎 벌리기
3 • 엎드려 양팔 들어올리기
4 • 상체 일으켰다 천천히 내리기
5 • 무릎에 한 발 올리고 엉덩이 들기

DAY 10 운동만큼 중요한 휴식의 날

산책 후
스트레칭
숙면 취하기

DAY 11 보일 듯 말 듯 탄탄한 바디라인

1 • 웨이브 푸시업 후 하늘 위로 팔 뻗기
2 • 한 발씩 높게 차기
3 • 가위 차기
4 • 사이드 플랭크 SIDE PLANK
5 • 발 뒤로 빼며 상체 숙여 돌리기

DAY 12 섹시함의 끝, 허리 골짜기

1 • 팔 Y자 모양으로 들어올리기
2 • 핸드 플랭크와 엘보 플랭크 이어서 하기
3 • 상체와 하체 동시에 접기
4 • V자 버티기
5 • 무릎 굽히고 걷기

DAY 13 허리 2인치 줄이기

1 • 옆으로 누워 팔다리 모으기
2 • 한 발 뒤로 빼며 상체 숙이기
3 • 엎드려 엉덩이 들기
4 • 엎드려 무릎 X자로 당기기
5 • 옆으로 누워 상체 접기

DAY 14 운동의 끝, 고강도 전신운동

1 • 앉았다 일어서며 팔 옆으로 들기
2 • 앉았다 일어서며 다리 올리기
3 • 팔 올리고 옆으로 뻗기
4 • 누워서 발목 찍기
5 • 엎드린 자세에서 엉덩이 좌우로 돌리기

왜
살을 빼고 싶은가?

사실 나는 알고 있다. 거울에 비친 모습을 통해, 친구들과 함께 찍은 사진을 통해, 바지 버클을 채울 때의 느낌을 통해 살을 빼야 한다는 사실을 나 자신이 가장 잘 알고 있다. 나의 변화를 꿈꾼다면 자신의 몸에 무슨 짓을 저질렀는지 아는 것만으로는 충분하지 않다. 내 몸을 스스로 방치했던 이유까지 알아야 한다. 즉, 뱃살을 겁 없이 늘어나게 만든 감정적·물리적인 원인을 알아야 한다. 체중을 줄이고 싶은 이유와 줄이고는 싶지만, 그럴 수 없는 이유의 진짜 답을 얻을 때부터가 다이어트의 시작인 것이다.

– 왜 나는 살을 빼고 싶은가?

　왜냐하면 최고의 리즈 시절 입었던 청바지 때문이지.

– 왜 나는 그 청바지를 입고 싶은가?

　왜냐하면 지금보다 더 많은 자신감을 갖고 싶기 때문이지.

– 왜 나는 더 많은 자신감을 원하고 있을까?

　왜냐하면 새로운 사람을 만날 때 더욱 당당할 수 있기 때문이지.

– 왜 나는 새로운 사람을 만나길 원하지?

　왜냐하면 연인과 헤어진 지 얼마 안 되어, 새로운 이성을 만나고 싶기 때문이지.

– 왜 나는 새로운 이성을 원하고 있을까?

　왜냐하면 외롭기 때문이지.

첫 번째 질문과 마지막 대답이 자연스럽게 연결된다.

"나는 외롭기 때문에 살을 빼고 싶다." 그런데 살이 찌는 이유도 똑같다.

당신은 외롭기 때문에 살이 찐 것이다.

판타스틱한
4가지
기초 운동법

운동과 신체활동은 채소와 같이 맛, 모양, 크기가 다양하고 건강에 유익하다. 나의 건강 상태와 경험을 바탕으로 다음의 운동들을 내 시간에 포함해야 할지 생각해 보자.

걷기

우리는 쇼핑하면서, 집 근처에서 그리고 집 안에서조차도 걷고 있다. 어떤 형태의 걷기라도 건강에 유익하다. 하루에 적어도 만 보를 걸을 때 최고의 효과를 본다고 하지만, 오늘부터라도 온전히 걷기만을 위해 하루 30분을 투자하자. (안 된다면 10분이라도) 걷기는 지구력을 높여주고 근력운동을 위한 준비운동이기 때문에 모든 운동의 기본이 된다. 지금이라도 운동화를 신고 현관문을 나서 보자.

근력운동

운동기구, 밴드, 그리고 자신의 체중 등을 이용한 모든 근력운동은 근육의 크기를 늘려 여분의 칼로리를 모두 소모시킨다. 기초공사 없이 집을 지을 수 없듯이 건강한 몸을 만들기 위한 토대라고 할 수 있다. 그렇다면 가장 효과적인 근력운동은 무엇일까? 효과적인 근력운동은 몸의 중심축을 구성하는 근육의 단련을 통해 이뤄진다. 무엇보다 희소식은 근력운동을 하려고 굳이 운동기구를 구입할 필요가 전혀 없다는 것이다. 본 도서의 메인 프로그램을 잘 활용해 보자.

심혈관 강화 운동

일정 시간 심장 박동을 빠르게 만드는 심혈관 강화 운동은 지구력을 강화시키고 칼로리를 빠르게 태우며 심장 기능을 개선하고 혈압 또한 낮춰 준다. 강화 운동으로 인한 땀 역시 몸에 쌓인 독소를 배출하는 데 큰 도움이 된다.

유연성 운동

스트레칭을 운동 전후나 일상생활 동작으로 활용하게 되면 유연성이 좋아져 관절에 무리가 생기는 것을 막아주고 기분도 좋게 해준다. 스트레칭은 몸이 뻣뻣하게 굳지 않게 해주고 명상에 도움이 되며, 넘어지거나 사고가 나도 덜 다친다. 또한, 몸에 집중하는 동안 자신에게 집중할 수 있게 해주어 자존감 또한 높아질 수 있다.

지금 내 몸부터 솔직하게 판단하자!
운동수준 체크리스트

1점 전혀 그렇지 않다 **2점** 그렇지 않다 **3점** 보통이다 **4점** 그렇다 **5점** 매우 그렇다

간단한 설문을 통해 현재 자신이 생각하는 자기 몸, 즉 자신의 신체적 자기개념과 비만에 대한 스트레스를 확인해 보자.

나는 내 몸을 어떻게 판단하고 있을까? 자신의 신체적 자기개념을 확인하며 점수를 주자. (R로 표시된 문항은 거꾸로 점수를 매긴다.)

1. 나는 또래 친구들보다 운동을 더 잘한다.

☐ 1점   ☐ 2점   ☐ 3점   ☐ 4점   ☐ 5점

2. 나는 살이 많이 찐 편이다.(R)

☐ 1점   ☐ 2점   ☐ 3점   ☐ 4점   ☐ 5점

3. 나는 인생의 실패자인 것 같다.(R)

☐ 1점   ☐ 2점   ☐ 3점   ☐ 4점   ☐ 5점

4. 나는 신체적으로 내 자신에 대해 자부심을 느낀다.

☐ 1점   ☐ 2점   ☐ 3점   ☐ 4점   ☐ 5점

5. 나는 병(예: 감기)이 유행할 때 잘 걸리는 편이다. (R)

☐ 1점   ☐ 2점   ☐ 3점   ☐ 4점   ☐ 5점

평가＊20～25점 운동에 대한 긍정적인 자기개념이 높다. 성취동기가 높고, 환경의 요구에 잘 적응하며, 대인관계를 편안하게 하는 타입이다. **15～19점** 운동에 대한 보통수준의 긍정적 자기개념을 가졌다. 규칙적인 운동을 통하여 삶의 만족도를 보다 높이는 것이 과제이다. **15점 이하** 운동에 대한 낮은 수준의 자기개념을 가지고 있다. 바로 움직이자. 지금 바로 '시크릿 다이어트' 책을 펼쳐놓고 12분 운동을 시작하자. 규칙적인 운동은 분명. 긍정적인 자기개념을 높여줄 것이다.

현재 자신이 비만에 대해 얼마만큼의 스트레스를 받고 있는지 확인해 보자.

1. 나는 다른 사람들이 내 허리와 배에 주름 잡힌 살을 보게 될까 봐 걱정이다.

☐ 1점   ☐ 2점   ☐ 3점   ☐ 4점   ☐ 5점

2. 나는 다른 사람들에게 보이는 내 모습 때문에 우울해진다.

☐ 1점   ☐ 2점   ☐ 3점   ☐ 4점   ☐ 5점

3. 날씬한 사람과 나를 비교해 보면 슬퍼진다.

☐ 1점   ☐ 2점   ☐ 3점   ☐ 4점   ☐ 5점

4. 내 신체의 모습에 대해 생각하다 보면 다른 일에 집중할 수 없게 된다.

☐ 1점   ☐ 2점   ☐ 3점   ☐ 4점   ☐ 5점

5. 허벅지와 엉덩이가 울퉁불퉁해 보이거나 배가 나와서 걱정된다.

☐ 1점   ☐ 2점   ☐ 3점   ☐ 4점   ☐ 5점

평가＊20～25점 당신은 비만에 대한 과도한 스트레스를 받고 있다. 만약 지금의 상태를 유지한다면 정신 건강에 해로울 수도 있다. 빨리 운동을 시작하는 게 좋겠다.**15～19점** 체중 조절에 신경을 써야 할 때이다. 지금 운동을 시작한다면 이전보다 훨씬 아름답고 건강한 몸매를 만들 수 있을 것이다. **15점 이하** 날씬한 체형이다. 그러나 방심은 금물!

비만도 체크하기

비만이란 체내에 지방조직이 과다하게 축적된 상태를 말하는 것으로, 체지방률이 남자 25%, 여자 30% 이상일 때를 말한다. 하지만 체지방률을 측정하기란 쉽지 않기 때문에 표준체중표(나이, 성별, 키에 따른 이상적 체중)를 이용해 상대적 체중을 계산하여 비만도를 측정해보자.

표준체중(kg)을 [신장(cm)−100]×0.9로 계산한 다음, 현재체중/표준체중×100%로 상대적 체중을 계산한다. 계산결과가 110~119%이면 과체중, 120% 이상이면 비만으로 분류한다. 예를 들어 신장 165cm인 사람의 표준체중은 (165−100)×0.9=58.5kg이 된다. 이 사람의 몸무게가 65kg이라면 65/59×100=110%이므로 과체중이다.

	최소의 필수지방 수준	운동선수 수준	적당한 수준	약간 적당한 수준	비만 수준
여 성	10 ~ 12%	14 ~ 20%	21 ~ 24%	25 ~ 31%	32% 이상
남 성	2 ~ 4%	6 ~ 13%	14 ~ 17%	18 ~ 24%	25% 이상

운동에 가장 적합한 맥박수는?

초침이 있는 시계를 준비한다. 1~5번까지의 운동을 한 뒤 60초 동안 맥박수를 잰다. 호흡이 최대 심박수의 70%까지 도달하지 않는다면, 그만큼 맥박수를 상승시켜야 원하는 만큼의 운동 효과를 볼 수 있다.

운동에 적합한 맥박수 = (최대 심박수 220−자신의 나이) × 0.7

본인이 30살의 여성이라고 가정할 경우, (220−30) × 0.7 = 133 이 '목표 맥박수'라 할 수 있다.

다이어트 퀴즈

1. 다이어트를 대부분 실패하는 이유는 무엇일까?

   A. 특별한 방법을 요구해서 오랫동안 지속하기가 어렵다.

   B. 너무 복잡해서 따라 하려면 머리가 아프다.

   C. 닭가슴살, 달걀, 토마토를 너무 많이 먹게 한다.

   D. 치맥 생각이 머릿속에서 떠나지 않는다.

2. 체중 감량을 원하는 사람들에게 가장 권하고 싶은 전략은?

   A. 매일 한 번씩 체중을 잰다.   B. 하루에 한 끼만 소량 먹는다.

   C. 매일 견과류를 섭취한다.   D. 다이어트 보조제를 섭취한다.

3. 체중 감량에 도움을 주는 향신료는?

   A. 시나몬   B. 타임

   C. 바질   D. 오레가노

4. 극도의 스트레스를 받을 때 내 몸이 가장 원하는 것은 무엇일까?

   A. 음식 생각이 아예 안 나는 것   B. 맛집 리스트

   C. 24시간 숙면   D. 아로마 반신욕

5. 우리 몸속의 대사과정에서 가장 중요한 역할을 하는 장기는?

   A. 심장   B. 위

   C. 간   D. 신장

6. 포만감을 가장 오래 유지하게 해주는 것은 무엇일까?

   A. 지방   B. 식이섬유

   C. 과당   D. 튀김

7. 최상의 바디라인을 유지하려면 하루에 얼마나 걸어야 좋을까?

   A. 30분   B. 1시간

   C. 2시간   D. 시간 있을 때 언제나

8. 체중 증가에 가장 크게 영향을 주는 것은?

   A. 의지력이 바닥으로 떨어지는 기간

   B. 극도의 스트레스를 받는 짧은 기간

   C. 낮은 강도의 스트레스를 지속적으로 받는 오랜 기간

   D. 고칼로리의 식사 후 갖는 죄책감

9. 허리둘레를 줄이는 데 가장 도움이 되는 운동은?

   A. 윗몸일으키기

   B. 유산소운동

   C. 웨이트트레이닝 같은 근력 강화 운동

   D. 주 1회 배우는 살사댄스

10. 다이어트 최악의 주작용은 무엇일까?

   A. 초콜릿 금단현상   B. 근육통과 관절통

   C. 요요현상   D. 옷 쇼핑을 위한 비용

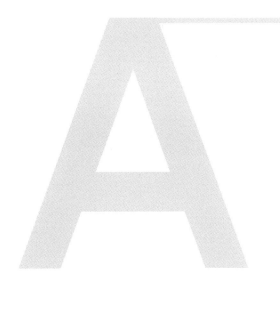

1. A 대부분 다이어트는 내 생각과 식습관을 자동으로 리셋시키지 못한다. 결국 본래의 습관으로 돌아가면서 다이어트에 실패하게 된다.

2. C 한 줌의 견과류는 배고픔을 달래고, 포만감을 유지하는 데 도움을 준다.
끼니를 거르면 충분한 칼로리를 얻을 수 없어서 몸이 지방을 비축하려는 상태로 바뀌게 되므로 바람직하지 않다.

3. A 시나몬은 인슐린 감수성을 증가시켜 뇌에서 포만감을 강화하는 데 도움이 된다.

4. A 극도의 스트레스를 받게 되면 배고픔의 신호가 오히려 꺼진다. 하지만 만성 스트레스는 기분이 좋아지는 탄수화물 섭취 욕구를 불러일으킨다.

5. C 간은 대부분의 대사과정에 관여한다.

6. B 식이섬유가 포만감을 유지해 준다. 아침으로 오트밀을 먹으면 점심에 과식을 피할 수 있다.

7. A 매일 30분 걸을 때의 효과는 일주일이면 할 수 있다.

8. C 만성 스트레스는 지방이 쌓이는 데 최고의 적이다.

9. C 근력운동으로 근육을 조금만 더 붙인다면 내 몸은 지방을 더 많이 연소하게 될 것이다.

10. C 요요현상은 체중 감량 후 체중이 더 늘게 하는 결과를 초래하므로 생리적·정신적 영향을 미친다.

2 WEEKS DIET

유 산 소 운 동

메인프로그램에 들어가기에 앞서 매일 해야 하는 준비운동으로, 운동을 시작하기 전 가벼운 동작을 통해 혈액 순환을 촉진시켜 몸을 활성화시켜보자. 근육이 뻣뻣하게 굳어 있으면 부상의 위험이 높으니 반드시 준비운동을 한 후에 본 운동을 시작하자.

동작을 최대한 크게 한다.

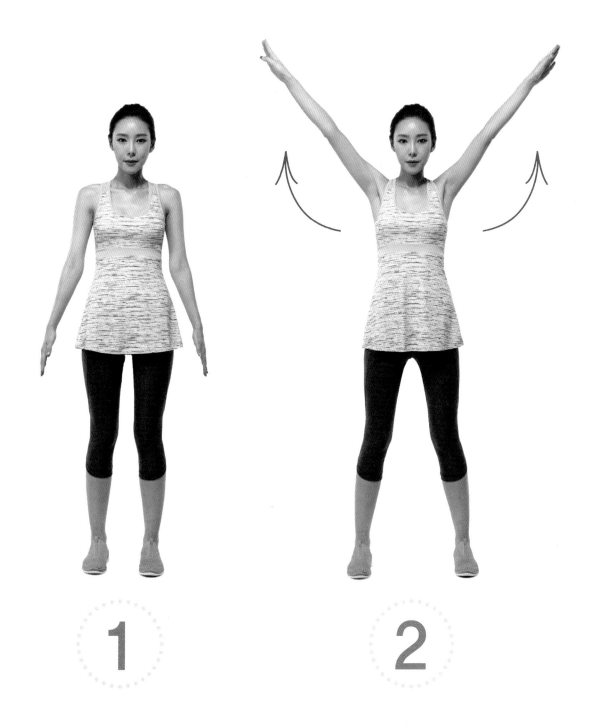

1 양팔은 30~45도 정도로 벌리고 양발은 어깨너비만큼 벌린 뒤 편하게 선다.

2 양팔을 위로 올리고, 제자리에서 양발을 넓게 벌리며 점프한다. 처음 자세로 돌아가 20회 반복한다.

엎드려서 다리 앞뒤로 뻗기

준비운동 중 제일 어려운 동작이다. 엎드려 뛰듯이 왼쪽 무릎을 가슴으로 당긴 다음, 왼발이 제자리로 돌아가 바닥에 닿기 전에 오른발을 당긴다.

1

2

발이 바닥에 닿지 않게!

1 양팔은 어깨너비로 벌리고 양발은 모아서 엎드린다.

2 왼쪽 무릎을 차듯이 가슴으로 당긴다. 왼발과 오른발을 번갈아가며 빠르게 20회 반복한다.

엉덩이 차기

초보자의 경우 손등을 엉덩이에 대고 발뒤꿈치로 손바닥을 차듯이 동작을 취하면 더 쉽게 자세를 잡을 수 있다.

1 양발을 어깨너비로 벌리고 서서 양손을 허리에 가볍게 올린다.

2 왼쪽 무릎을 접어 발목이 엉덩이 높이까지 올 수 있게 뒤로 찬다. 왼발과 오른발을 번갈아가며 20회 반복한다.

버피 점프 Burpee Jump

1 양다리는 어깨너비로 벌린 뒤 바른 자세로 선다.

2 상체를 숙이며 양팔로 바닥을 짚는다.

3 양팔에 힘을 주며 상체를 지탱하고, 양다리를 뒤로 완전히 뻗어 몸 전체가 일자가 되게 하여 온몸의 근육을 조인다.

4 양쪽 무릎을 동시에 가슴으로 당긴다. 처음 자세로 돌아가 20회 반복한다.

다리 벌렸다 모아 한 발씩 당기기

양발을 벌렸다 모은다

1 양손을 어깨너비로 벌려 네 발 자세로 엎드린다.

2 양발을 넓게 벌렸다 모은다.

3 왼발과 오른발을 번갈아가며 가슴으로 당기듯 찬다. 처음 자세로 돌아가 20회 반복한다.

2 WEEKS
D I E T

운동 전 스트레칭

본 운동을 시작하기에 앞서 각 관절의 운동 범위를
확장시켜주는 동작으로, 호흡과 혈액 순환을 증가
시켜 본 운동에 사용되는 근육의 온도를 높이고 점
도를 감소시키는 과정이다. 이를 통해 근육의 유연
성이 증가되어 본 운동으로 인한 근육의 부상을 예
방할 수 있다. 가볍게 마사지하듯 근육을 풀어보자.

팔 위로 뻗기

상체가 뒤로 넘어가지 않게 주의하자!

1 양발은 어깨너비로 벌리고 편하게 선다.

2 양손은 깍지를 낀 뒤 손바닥이 하늘로 향하게 쭉 뻗어 20초간 자세를 유지한다.

팔꿈치 잡고 상체 돌리기

팔과 어깨, 허리 스트레칭으로, 시선은 상체가 돌아가는 방향으로 자연스럽게 따라가는 것이 좋다. 양발이 상체가 움직이는 방향으로 따라 움직이지 않도록 주의한다.

숨을
내쉰다

발이 지면에서 움직이지 않게 주의!

1 양발을 어깨너비로 벌리고 편하게 서서 왼팔을 가슴 앞으로 올리고 오른팔로 왼쪽 팔꿈치를 감싸듯이 잡는다.

2 오른팔로 감싼 왼팔을 지그시 누르면서 오른쪽으로 몸을 돌려 스트레칭 한다. 20초간 자세를 유지하고 반대편도 같은 방법으로 실시한다.

다리 넓게 벌리고 상체 숙이기

허리와 허벅지 뒷부분을 풀 수 있는 동작이다. 이 동작을 할 때 상체를 튕기듯이 누르면서 내려가는 실수를 많이 한다.
무릎은 접히지 않게 편 뒤 상체를 지그시 누르며 천천히 내려간다.

숨을
내쉰다

무릎을 펼 것!

1 양다리는 최대한 넓게(어깨너비의 2배 정도) 벌리고 선다.

2 상체를 앞으로 숙여 발목을 잡고 20초간 자세를 유지한다.

다리 옆으로 길게 뻗기

허벅지 안쪽과 종아리를 동시에 스트레칭 할 수 있는 동작이다. 다리를 옆으로 길게 뻗으면서 상체로 누르듯이 앉는다.

1 **왼발을 옆으로 길게 뻗어** 상체로 누르듯이 앉아 양손으로 바닥을 짚으며 지탱한다.

2 **왼쪽 허벅지 안쪽과 뒤쪽 허벅지가** 늘어나는 것을 느끼며 20초간 누른다. 동작이 끝나면 오른발도 실시한다.

다리 앞뒤로 넓게 벌려 뻗기

허벅지와 엉덩이를 동시에 스트레칭 할 수 있는 동작이다. 다리를 앞뒤로 넓게 뻗어 상체로 누르듯이 숙일 것!

숨을
내쉰다

👤 이 방향으로 눌러줄 것!

1 **왼발을 뒤로 길게 뻗어** 상체로 다리를 누르면서 양팔을 지면에 대고 자세를 유지한다.

2 **허벅지와 엉덩이가 늘어나는 것을 느끼며** 20초간 지그시 누른다. 동작이 끝나면 오른발도 실시한다.

전신 바르게 펴기

1 다리를 가지런히 <u>모으고</u> 양 손바닥을 붙여 머리 위로 뻗는다.

2 머리를 뒤로 살짝 젖힌 다음, 손끝을 보며 가슴을 앞으로 내밀고 20초간 자세를 유지한다.

2 WEEKS
PLAN

STEP 1   WARM UP!
유산소 운동

STEP 2   STRETCHING
운동 전 스트레칭

STEP 3   MAIN PROGRAM
하루 5가지 운동을 12분 동안 진행
모든 동작은 20회 반복
전신 운동 20회+하체운동 20회+상체 운동20회,
복부 운동 20회+허리 운동 20회=1SET
차례대로 반복

STEP 4   STRETCHING
운동 후 스트레칭

SPECIAL PROGRAM
PLUS DAY
1SET종료 후, 2분 휴식 후 REPALY
총 2SET 실시

2 WEEKS DIET
MAIN PROGRAM

1. 시선은 정면을 보거나 목에 힘이 들어가지 않은 상태로 약간 위를 본다.
   (※어깨가 앞쪽으로 처지지 않도록 주의)

2. 얼굴의 긴장은 완전히 풀어 준다.

3. 어깨에 힘을 빼고 가슴을 쫙 편다.

4. 천장에 매달린 끈이 머리 꼭대기를 잡아당기는 것처럼 등뼈를 곧추 세운다.

5. 큰소리로 운동 횟수를 센다. 숨을 일정하게 들이쉬고 내쉬는 것에 도움이 된다.

6. 복부에 힘을 주고 당겨 허리에 힘이 가해질 수 있도록 한다.

7. 운동을 하는 동안 호흡을 제대로 한다.

2WEEKSDIET

바른자세만들기

1 DAY

엎드려 발 높게 들기

몸의 전체적인 근육을 움직임으로써 신체 활동량을 높이고 지방을 연소시키는 동작이다. 엉덩이와 허벅지를 긴장시켜 허벅지의 전체적인 라인이 슬림해지는 효과도 있다.

1

2

3

숨을 내쉰다

1 **양팔을 어깨너비로 벌려** 엎드린 자세에서 양 무릎과 발을 모은다.

2 **왼쪽 무릎을 접어** 왼쪽 팔꿈치까지 당긴다. 이때 무릎과 발이 지면에 닿지 않도록 주의한다.

3 **양손으로 바닥을 밀며** 왼쪽 다리를 뒤로 차듯이 높게 뻗는다. 이때 무릎을 완전히 펴 다리를 최대한 늘린다. 왼쪽 다리와 오른쪽 다리를 번갈아가며 20회 반복한다.

발 넓게 벌려 앉았다 일어서기

안쪽 허벅지와 엉덩이를 자극할 수 있는 최고의 동작이다. 무릎과 엉덩이가 일직선상에 놓일 때까지 앉았다가 천천히 일어서야 운동 효과가 높다.

1 번으로 돌아가며 숨을 내쉰다

1 양다리는 어깨너비의 두 배로 벌리고, 발끝은 30도 정도 바깥 방향으로 놓는다. 양팔은 어깨높이로 들어 좌우로 쭉 뻗는다.

2 허리와 등을 곧게 펴 상체를 최대한 꼿꼿이 세우고 상체로 하체를 누르는 느낌으로 앉는다. 이때 엉덩이를 뒤로 빼면서 내려가 엉덩이와 무릎이 수평이 되도록 깊숙이 앉는다. 엉덩이를 들고 일어서면서 처음 자세로 돌아가 20회 반복한다.

견갑골 모으기

언뜻 보기에는 매우 간단하게 보이지만 평소 잘 쓰지 않는 등 근육을 사용하므로 등 라인은 물론 굽은 어깨를 펴는 데 효과적이다. 스마트폰이나 컴퓨터 사용으로 인해 많이 나타나는 거북목 증후군이나 근육 뭉침과 같은 증상을 줄일 수 있다.

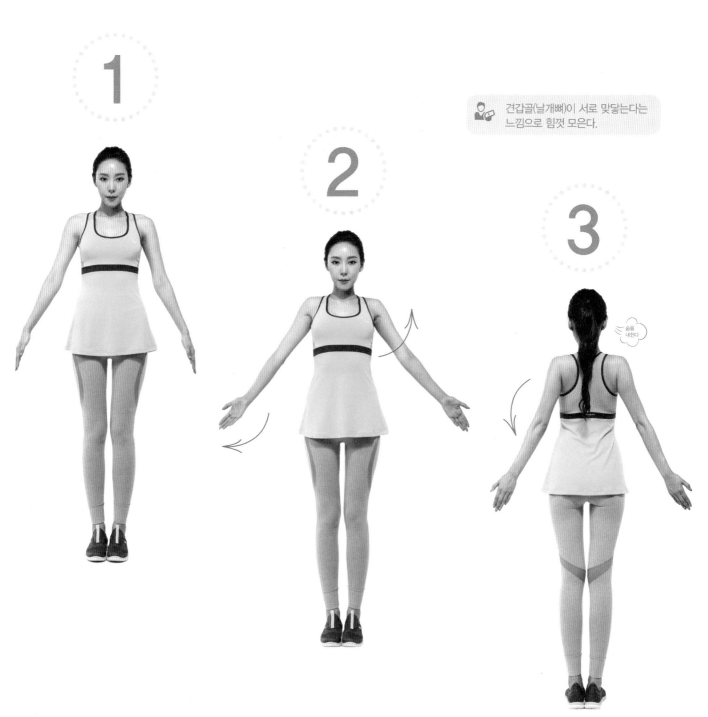

견갑골(날개뼈)이 서로 맞닿는다는 느낌으로 힘껏 모은다.

1

2

3

숨을 내쉰다

1 팔은 30도 정도 벌리고, 양쪽 무릎은 곧게 펴고 양 발을 모은다.

2 손바닥이 정면을 향하게 팔을 회전시킨 뒤 배에 힘을 주고 가슴을 앞으로 내밀어 등을 곧게 편다.

3 어깨를 뒤쪽으로 밀어내는 동시에 가슴을 앞으로 쭉 내밀며 양쪽 견갑골(날개뼈)을 모아 등이 최대한 좁아지도록 한다. 이 동작을 20회 반복한다.

상체 비틀어 무릎 찍기

윗배와 옆구리에 자극을 주기 때문에 윗배와 양 옆구리가 당기는 것을 느낄 수 있다. 허리가 동그랗게 말리지 않게 주의하면서 실시하자.

1 양쪽 무릎을 90도로 세우고 앉아 상체는 30도 정도 기울이고 양팔을 교차시켜 어깨높이로 든다.

2 오른쪽 팔꿈치가 왼쪽 무릎에 닿도록 상체를 튼다. 그 상태로 3초간 유지한다. 20회 반복한 후 반대편도 같은 방법으로 실시한다.

집에서 따라하기 좋은 운동으로 우리 몸의 중심을 다스리는 코어 근육을 키우기 위한 최고의 운동이다. 허리와 복부, 옆구리의 코어 근육뿐만 아니라 팔 근육까지 잡을 수 있다.

동작 중 자연스럽게 숨을 내쉰다

손바닥으로 지면을 꽉 눌러서 팔꿈치로만 체중을 버티지 않게 주의하고, 귓불-어깨-엉덩이-발목이 수평을 이루도록 한다.

1 엎드려서 양손을 모아 삼각형을 만들고 귓불과 어깨가 서로 닿지 않도록 목을 쭉 뺀다. 이때 척추를 기준으로 양쪽 견갑골이 서로 멀어지게 밀어준다.

2 무릎을 완전히 편 상태로 양다리는 어깨너비로 벌리고 1분간 버틴다.

2WEEKSDIET

기 초 체 력 다 지 기

2 DAY

등 접어 팔 펴기

두꺼운 등을 슬림하게 해주며 팔뚝의 군살 제거에 효과적인 운동으로, 아래 동작들만으로도 상체 근육 대부분을 사용할 수 있다.

1 동작 중 자연스럽게 숨을 내쉰다

2

팔꿈치를 등 뒤로 당길 때 상체가 세워지지 않게 주의할 것!

3

1 **무릎을 완전히 편 채** 오른쪽 다리를 뒤로 뻗어 고정한다. 허리와 등을 곧게 펴 상체를 숙이고, 양팔은 자연스럽게 내린다.

2 **양쪽 견갑골(날개뼈)이** 서로 닿을 정도로 모아주며 양쪽 팔꿈치를 굽혀 등 뒤쪽으로 힘껏 당긴다.

3 **양쪽 팔꿈치를 올린 상태에서** 팔을 완전히 펴서 최대한 길게 뻗는다. 왼쪽과 오른쪽을 번갈아가며 20회 반복한다.

앉았다 일어서며 다리 들기

허벅지가 타는 듯한 고통을 느껴보자! 순간의 고통이 지나간 뒤에 아름다운 각선미가 남을 것이다. 이 동작은 허벅지 전체를 둘러싸고 있는 군살 제거에 효과적이다.

 앞으로 굽히는 무릎의 각도가 90도가 되도록 주의하고, 무릎을 굽히며 앉을 때 무릎이 발끝보다 앞으로 넘어가지 않도록 한다.

숨을 내쉰다

1 왼쪽 다리를 뒤로 빼 넓게 내딛은 다음, 왼쪽 발뒤꿈치는 지면에 닿지 않게 살짝 들고 양손은 허리에 가볍게 올린다.

2 오른쪽 다리와 왼쪽 무릎이 90도가 되게 깊숙이 앉고 등과 허리를 꼿꼿이 세운다. 이때 무릎이 바닥에 닿을 정도로 내리면 허벅지 근육을 최대한 사용할 수 있다.

3 무릎을 세우고 일어나면서 왼발을 앞으로 들어 무릎을 배꼽 높이까지 올려준다. 이 동작을 20회 반복한 후 반대편도 같은 방법으로 실시한다.

팔 돌리며 어깨 회전하기

뭉친 어깨를 풀어주어 시원함을 느낄 수 있는 동작으로, 뻣뻣한 어깨 관절을 풀어주고 굽은 등을 펴는 데 효과적이다. 어깨 교정을 하면 실제로 어깨 폭을 줄일 수 있어 가녀린 어깨를 가질 수 있다.

1

2

숨을 내쉰다

자세를 취할 때 어깨가 올라오면 승모근이 뭉칠 수 있는데, 여성의 경우는 승모근이 발달하면 어깨 라인이 예뻐 보이지 않으므로 바른 자세를 취해야 한다.

1 양손은 가볍게 주먹을 쥐고 팔꿈치를 90도로 접어 어깨높이로 들어올린 다음, 양다리는 모아서 무릎을 완전히 편다.

2 팔꿈치는 자세를 고정하고 주먹 쥔 손바닥이 정면을 향하도록 한다. 정면에서 봤을 때 팔꿈치가 어깨높이와 수평을 이루도록 할 것! 이 동작을 20회 반복한다.

4 누워서 다리 들었다 내리기

누운 상태에서 다리를 뻗어 들어올리는 동작으로, 복근 강화의 대표적인 운동 중 하나이다. 다리를 들어올리는 근육의 힘을 이용하는 운동으로, 복근의 힘이 약한 상태에서 운동하게 되면 허리가 지나치게 바닥에서 떨어지게 되어 무리가 될 수 있으니 사전에 복근의 힘을 키워놓는 것이 좋다.

1

2

숨을
내쉰다

허리는 지면에서 떨어지지 않게 아랫배에 힘을 주면서 버틴다. 다리를 들어올릴 때 허리가 뜨지 않는 각도가 본인의 최대 각도이니 체크해두고, 복근의 힘이 키워지면 더 높이 들어올리자.

1 누워서 무릎을 펴고 양다리를 모아 발뒤꿈치를 지면에서 10cm 정도 든다. 양팔은 엉덩이 옆 지면에 붙여 다리가 움직일 때 상체가 들썩이지 않도록 지탱해준다.

2 호흡을 내쉬며 양다리를 들어올리는데, 무릎을 최대한 쭉 펴고 60도 정도만 들어올린다. 이 동작을 20회 반복한다.

5 발 뒤로 뻗어 옆으로 밀기

골반을 꽉 조여주어 엉덩이를 탄력 넘치는 애플힙으로 만들어준다. 고관절의 움직임을 향상해주고 허벅지 라인도 탄탄하게 잡아준다.

1

동작 중 자연스럽게 숨을 내쉰다

2

3

2 양팔에 힘을 주어 상체가 앞으로 쏠리지 않게 버티면서 왼쪽 다리를 뒤로 뻗으며 무릎을 쭉 편다. 이때 다리는 높게 들지 않고 상체와 수평이 되게 뻗는다.

1 양손과 무릎을 지면에 대고 네 발 자세를 취한 다음, 팔은 어깨너비로 벌리고 무릎은 모아준다. 이때 배에 힘을 주고 허리와 등을 곧게 편다.

3 뒤로 뻗은 왼쪽 다리를 왼쪽으로 벌리듯 밀어준다. 이때 상체와 고관절이 흔들리지 않게 중심을 잡고 다리 근육만 이용하여 움직이자. 이 동작을 20회 반복한 후 반대편도 같은 방법으로 실시한다.

2WEEKSDIET

균형있는 바디라인 만들기

4 DAY

다리 옆으로 뻗으며 중심 이동하기

엉덩이 옆쪽 라인의 군살 제거에 효과적이다. 또한 몸의 무게중심을 이동하면서 허벅지를 긴장시켜 허벅지 안쪽 라인을 잡아주는 동작으로, 지방 제거와 근력 향상을 함께 도모할 수 있어 하체 비만인 여성들에게 강력히 추천한다.

1번으로 돌아가며 · 숨을 내쉰다

왼쪽 발뒤꿈치가 지면에서 떨어지지 않게 주의할 것!

1 **다리를 어깨너비로 벌리고** 바르게 선다.

2 **왼쪽 무릎을 몸 바깥쪽으로** 굽히며 몸의 무게중심을 왼쪽으로 이동시키고, 오른쪽 다리는 무릎을 완전히 펴서 뻗는다. 왼쪽 허벅지 안쪽과 엉덩이에 체중이 실리는 것을 느끼면서 오른손으로 왼쪽 발목을 살짝 찍어준다. 왼쪽과 오른쪽을 번갈아가며 20회 반복한다.

네 발 자세로 무릎 굽혀 다리 올리기

엉덩이를 집중적으로 공략해보자. 축 처진 엉덩이를 애플힙으로 만들어줘 다리가 길어 보인다. 디스크와 같은 척추 질환을 갖고 있는 경우 다리를 들어올리는 동작을 할 때 통증이 느껴질 수 있으니 놀라지 말 것!

동작을 반복할 땐 무릎이 바닥에 닿지 않게 다리를 들었다 내린다.

1 무릎을 꿇고 엎드려 양손으로 지면을 짚은 다음, 왼쪽 다리를 90도 접어 상체와 수평이 되게 들어올린다. 이때 복부에 힘을 주고 엉덩이가 틀어지지 않게 수평을 유지한다.

2 손으로 바닥을 꾹 누르며 왼쪽 다리를 최대한 높이 들어준다. 이때 다리가 오른쪽 방향으로 넘어가지 않게 골반을 꽉 조인다. 엉덩이가 조여짐을 느끼며 20회 반복한 후 반대편도 같은 방법으로 실시한다.

웨이브 팔 굽혀 펴기

상체 전체를 운동할 수 있다. 어깨에서 내려가는 팔 라인을 날씬하게 만들어주고 볼록 튀어나온 아랫배 또한 정리해준다.
웨이브를 추듯 연속적으로 움직여보자. 어렵다고 생각하지 말고 지금 바로 도전!

1 양손으로 바닥을 짚은 뒤 양다리를 가지런히 모으고 엉덩이를 허리와 수평이 되게 들어올린다. 이때 양쪽 견갑골이 서로 멀어지게 최대한 등과 허리를 편다.

2 허벅지 – 배꼽 – 가슴 순으로 지면에 붙이듯 팔을 굽히며 상체를 내린다. 양팔은 힘을 주고 버티며 팔꿈치를 지면에서 수직으로 세운다. 가슴까지 지면에 붙이면 힘을 빼지 말고 바로 일어날 준비를 한다.

3 이번에는 가슴 – 배꼽 – 허벅지 순으로 지면에서 들어올리면서 양팔로 바닥을 밀어 상체를 세우고 엉덩이를 다시 위로 들어 처음 자세로 돌아온다. 이 동작을 20회 반복한다.

누워서 손으로 발뒤꿈치 찍기

복부 주변의 군살을 없애는 데 탁월하며, 동작이 크지 않아서 좁은 공간에서도 무리 없이 할 수 있다. 불필요한 옆구리 군살 없애기에 도전하자.

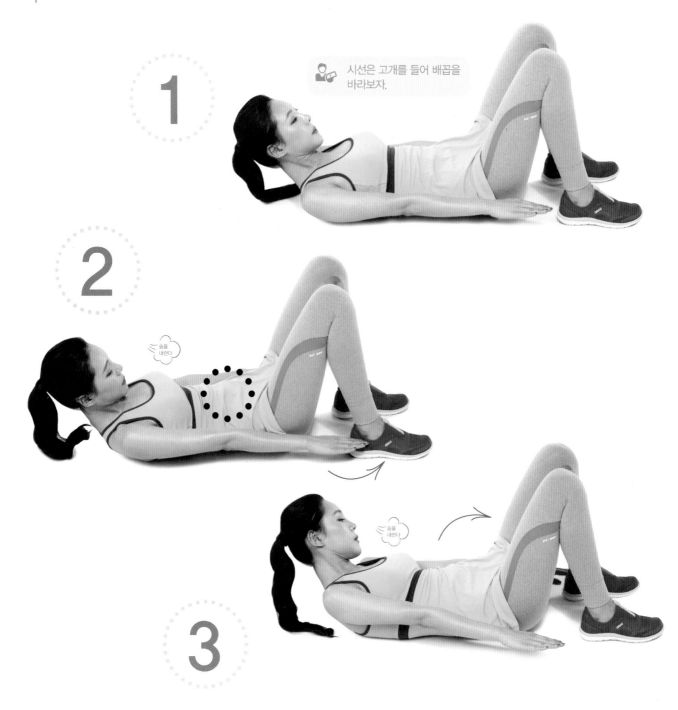

1

시선은 고개를 들어 배꼽을 바라보자.

2

숨을 내쉰다

3

숨을 내쉰다

2 일으킨 상체를 오른쪽으로 살짝 틀어 오른손으로 오른쪽 발뒤꿈치를 찍는다.

3 오른쪽 발뒤꿈치를 찍은 상태에서 바로 상체를 왼쪽으로 틀어 왼손으로 왼쪽 발뒤꿈치를 찍는다. 이 동작을 20회 반복한다.

1 손을 엉덩이 옆에 내려놓고 양발은 어깨너비만큼 벌려 누운 다음, 호흡을 내쉬며 상체를 일으킨다. 이때 발뒤꿈치를 엉덩이에 최대한 가깝게 당겨주고, 양쪽 무릎이 움직이지 않도록 최대한 복부로만 힘을 준다.

엉덩이와 허벅지의 애매모호한 경계를 선명하게 만들어주며 동시에 척추까지 이완해준다. 허리가 약해 직접적인 허리 운동이 힘들다면 이 운동을 추천한다.

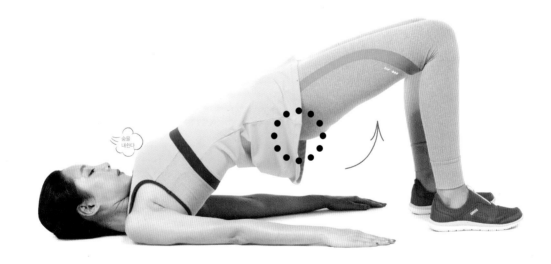

엉덩이를 들어올린 상태에서 오래 버티면 그만큼 더 큰 운동 효과를 볼 수 있다.

1 바른 자세로 누운 뒤 다리를 굽혀 무릎을 45도 세우고 발바닥 전체가 바닥에 닿도록 놓는다.

2 발바닥과 양손으로 지면을 짚어 자세를 고정한 채 엉덩이를 최대한 높게 들어올린다. 이때 등과 엉덩이, 허벅지에 힘을 주어 5초간 버틴다. 배와 허벅지가 단단해지고 엉덩이가 꽉 조이는 것을 느껴보자. 이 동작을 20회 반복한다.

2 W E E K S D I E T

몸 의 중 심 허 리

5 DAY

허벅지 라인을 날씬하게 만들어주는 동시에 엉덩이를 동그랗게 업시켜주고, 하체 균형을 바로잡아 발목 강화에도 효과적이다. 상체가 앞으로 숙여지지 않게 허리에 힘을 주고 곧게 펴는 것이 포인트!

숨을 내쉰다

1

2

3

무릎을 굽히며 앉을 때 나가는 무릎이 발끝보다 앞으로 넘어가선 안 되고, 발을 접을 때에는 발뒤꿈치를 고정해야 한다. 운동 효과를 더 많이 보고 싶다면 덤벨을 들고 하는 것도 좋다.

2 오른쪽 다리와 왼쪽 무릎이 90도가 되게 깊숙이 앉고 등과 허리를 꼿꼿이 세운다. 이때 무릎이 바닥에 닿을 정도로 내리면 허벅지 근육을 최대한 사용할 수 있다.

1 왼쪽 다리를 뒤로 빼 넓게 내딛는다. 이때 왼쪽 발뒤꿈치는 지면에 닿지 않게 살짝 들고, 팔은 자연스럽게 옆구리에 붙이고 가볍게 주먹을 쥔다.

3 무릎을 세우고 일어나는 동시에 양팔을 접는다. 이 동작을 20회 반복한 후 반대편도 같은 방법으로 실시한다.

상체 숙였다 일어서며 팔 들기

상체를 숙이는 동작은 허리와 등, 엉덩이 근육을 잡아주는 데 효과적이며, 상체를 세우고 발뒤꿈치를 드는 동작은 늘씬한 각선미에 도움을 준다. 여기에 팔을 들어올리는 동작을 추가하므로 가슴까지 업시킬 수 있다.

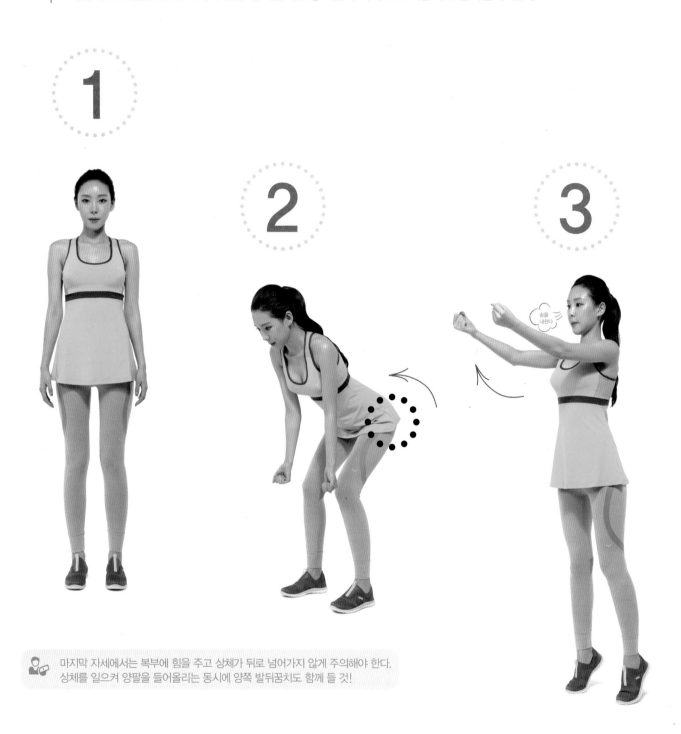

숨을 내쉰다

마지막 자세에서는 복부에 힘을 주고 상체가 뒤로 넘어가지 않게 주의해야 한다. 상체를 일으켜 양팔을 들어올리는 동시에 양쪽 발뒤꿈치도 함께 들 것!

1 양다리를 어깨너비로 벌린 자세에서 허리를 곧 게 펴고 바르게 선다.

2 주먹 쥔 양손을 무릎 앞으로 모으며 상체를 숙인 다. 이때 허리와 등은 곧게 펴고 엉덩이를 뒤로 뺄 것!

3 상체를 일으키며 양손을 어깨높이까지 들어 가 슴 근육이 탄탄하게 긴장되는 것을 느껴보자. 이 동작을 20 회 반복한다.

허리 숙여 팔 옆으로 들어올리기

어깨가 훤히 드러난 드레스를 입은 모델들을 보면 자연스럽게 그녀들의 어깨와 쇄골에 시선이 간다. 물이 고일 듯 깊게 파인 것은 말할 것도 없고 일자로 곧게 뻗어 있다. 이 운동은 어깨와 등이 이어지는 부분의 근육을 잡아주어 쇄골 미인을 만들어주는 동시에 출렁이는 팔뚝살까지 한 방에 해결할 수 있다.

 팔을 들어올릴 때 어깨와 팔꿈치가 수평이 되어야 바른 자세라고 할 수 있다.

숨을 내쉰다

1 양다리를 어깨너비로 벌리고 상체를 70도 정도 숙인 상태에서 주먹 쥔 양손을 무릎 앞으로 모은다. 이때 허리는 곧게 펴고 무릎은 자연스럽게 살짝 굽힌다.

2 팔꿈치를 살짝 굽힌 상태에서 팔을 양옆으로 들어 올린다. 이때 허리와 배에 힘을 주어 자세가 흐트러지지 않게 고정하는 것이 중요하다. 이 동작을 20회 반복한다.

4 복부 늘이며 다리 뻗기

수축하기만 했던 복근 운동은 이제 그만! '수축형' 복근 운동에서 벗어나 보다 효과적으로 X라인을 완성하자.

1번으로 돌아가며 숨을 내쉰다

상체를 기울일 때는 목에서부터 허리까지의 라인이 동그랗게 말리지 않도록 최대한 배와 허리에 힘을 주는 것이 포인트!

1 엉덩이를 지면에 대고 앉아 무릎을 접은 다음, 허리를 곧게 펴고 양다리는 어깨너비로 벌린다. 양팔은 어깨높이만큼 들어 앞으로 쭉 뻗는다.

2 상체를 뒤로 45도 정도 눕히고, 왼쪽 무릎을 펴서 앞으로 최대한 뻗는다. 처음 자세로 돌아가 상체를 눕히며 오른쪽 다리를 뻗는 동작까지가 1회로, 총 20회 반복한다.

양팔과 양다리를 동시에 들어올려 몸의 뒤쪽 근육을 전체적으로 강화해준다.

1

2

1 바닥에 배를 대고 엎드린 자세에서 양다리를 어깨너비만큼 벌리고 양팔은 앞으로 길게 뻗는다.

2 팔과 다리를 동시에 들어올리는데, 편안하게 호흡을 내쉬며 최대한 높이 들어올린다. 처음 자세로 돌아가 20회 반복한다.

2WEEKSDIET

뒤 태 의 완 성 힙 라 인

6 DAY

상체 숙였다 펴면서 앉았다 일어서기

상체를 숙이는 동작은 허리와 등을 단련시키기에 충분하며, 앉았다 일어서는 동작은 허벅지와 엉덩이를 탄탄하게 만들어준다. 허벅지 앞뒤, 안팎을 한번에 잡아주어 늘씬한 다리 라인을 가질 수 있다.

1번으로 돌아가며 숨을 내쉰다

1 양발을 어깨너비만큼 벌리고 서서 양손을 깍지 낀 상태로 머리 뒤에 놓는다.

2 허리와 등은 곧게 펴고 상체를 숙인다. 이때 엉덩이를 뒤로 빼며 무릎을 굽혀 자세를 잡는다.

3 처음 자세로 돌아가 허리와 등을 곧게 펴고 천천히 앉는다. 이때 양쪽 발뒤꿈치가 바닥에서 떨어지지 않게 주의하자. 처음 자세로 돌아가 20회 반복한다.

다리 옆으로 뻗으며 중심 이동하기

엉덩이 옆쪽 라인의 군살 제거에 효과적이다. 또한 몸의 무게중심을 이동하면서 허벅지를 긴장시켜 허벅지 안쪽 라인을 잡아주는 동작이다. 지방 제거와 근력 향상을 함께 도모할 수 있는 운동으로, 하체 비만인 여성들에게 강력히 추천한다.

1번으로 돌아가며 숨을 내쉰다

오른쪽 발뒤꿈치가 지면에서 떨어지지 않게 주의할 것!

1 **다리를 어깨너비로 벌리고** 바르게 선다.

2 **오른쪽 무릎을 몸 바깥쪽으로 굽히며** 몸의 무게중심을 오른쪽으로 이동시키고, 왼쪽 무릎을 완전히 펴서 뻗는다. 오른쪽 다리의 안쪽 허벅지와 엉덩이에 체중이 실리는 것을 느끼면서 왼손으로 왼쪽 발목을 살짝 찍어주고, 반대편 팔은 높게 들어 올려 중심을 잡는다. 왼쪽과 오른쪽을 번갈아가며 20회 반복한다.

3 팔 모아서 위로 올려 가슴 모으기

목에서 어깨로 이어지는 곳에 뭉쳐 있는 셀룰라이트를 태워주므로 목과 어깨가 가벼워지는 것을 느낄 수 있다. 가슴은 봉 긋하게 모아주고 어깨는 가녀리게 만들어보자.

1 **양손을 깍지 낀 후** 배꼽 앞으로 모으고 팔꿈치를 쭉 뻗 어 가슴이 모아지는 것을 느낀다.

2 **어깨와 가슴, 팔의 긴장된 근육을 느끼며** 양손 을 어깨높이로 올린다. 이때 배에 힘을 주면서 가슴을 위로 올 려 효과적으로 모을 수 있게 한다. 이 동작을 20회 반복한다.

발 내리며 버티기

하복부 근육을 탄탄하게 다지기에 딱 좋은 동작으로 다리를 들어올리는 것이 아니라 다리를 내리는 동작이다. 치골 라인이 있는 하복부를 만나고 싶다면 조급한 마음을 버리고 꾸준히 실시하자. 더불어 이 동작은 아랫배에 살이 많은 복부 비만 여성들에게 추천한다.

1 **양팔을 뒤로 짚고 누워** 상체를 30도 정도로 기울이고 다리는 최대한 높이 올린다. 가능하다면 60도가 적당하다. 이때 상체가 뒤로 넘어가지 않게 복부에 힘을 준다.

2 **하복부에 힘을 주고** 숨을 들이마시면서 다리를 천천히 내리면서 5초를 버틴 후, 20회 반복한다. 반대편도 같은 방법으로 실시한다. 이때 발뒤꿈치가 바닥에 닿지 않도록 지면에서 10cm 띄운다.

복부에 긴장을 유지해 잘록한 허리 라인을 만드는 데 도움을 주는 동작이다. 앉은 상태에서 복부의 힘으로 허리를 좌우로 틀기 때문에 양쪽 허리 라인을 매끈하게 다듬는 데 효과적이다. 긴장된 상태를 유지하기 때문에 복부를 탄력 있게 만드는 데에도 도움을 준다.

호흡은 허리를 좌우로 틀 때 '후' 하고 내뱉는다.

숨을 내쉰다

1 발끝은 몸 쪽으로 당기고 무릎을 쭉 뻗은 채 **앉아** 허리와 등은 최대한 곧게 세우고 양팔을 어깨높이로 올려 좌우로 뻗는다.

2 숨을 내쉬며 상체를 왼쪽으로 천천히 돌린다. 반대쪽도 동일한 방법으로 반복하는 것이 1회로, 총 20회 반복한다.

2 W E E K S D I E T

탄 력 넘 치 는 허 벅 지

7 DAY

팔 들어올려 등 접기

가슴과 어깨, 팔의 근육을 자극할 수 있는 상체 복합 운동! 팔을 앞으로 들어올리는 동작은 어깨와 가슴에 자극을 주고, 팔을 뒤로 접는 동작은 등을 모아주는 효과가 있다. 경직된 어깨와 등 근육의 피로를 푸는 동작이다.

1   2 4   3

동작 중 자연스럽게 숨을 내쉰다

1 허리와 등을 곧게 펴고 상체를 숙인다. 이때 엉덩이를 뒤로 빼며 무릎을 굽혀 자세를 잡고, 양손은 주먹을 가볍게 쥐고 무릎 앞으로 모아준다.

2 어깨와 가슴 근육이 긴장되는 것을 느끼며 어깨 높이만큼 양팔을 앞으로 들어올린다. 팔을 올릴 때 숙인 상체가 세워지지 않도록 주의할 것!

3 견갑골(날개뼈)이 서로 맞닿을 수 있도록 양 팔꿈치를 굽히며 뒤로 벌린다.

4 가슴과 어깨를 앞으로 모으고 2번 자세로 돌아가며 마무리한다. 이 동작을 20회 반복한다.

엎드려서 엉덩이 조이기

다리를 들어올리며 엉덩이를 강하게 조여보자. 골반을 강화할 수 있을 뿐만 아니라 허벅지 뒤쪽 근육의 혈액 순환을 원활하게 만들어준다.

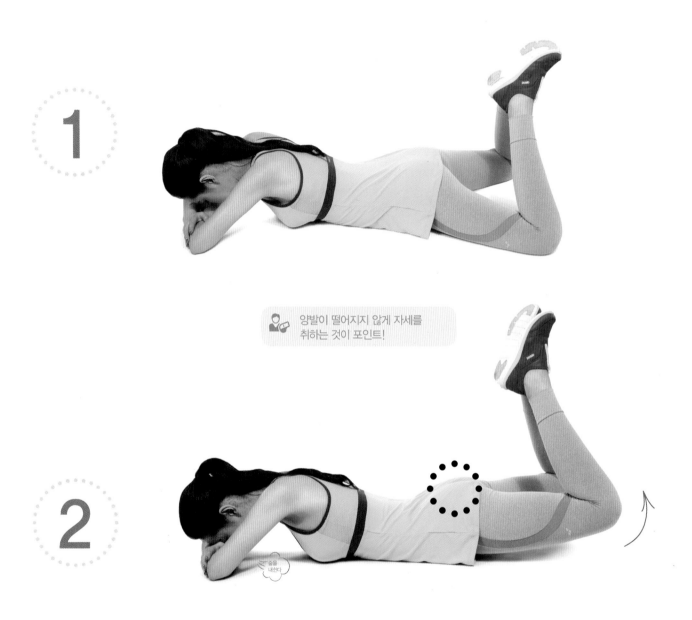

양발이 떨어지지 않게 자세를 취하는 것이 포인트!

1 양손을 이마 아래로 모으고 엎드린 다음, 무릎을 굽혀 양발이 닿게 하여 다리를 마름모꼴로 만든다.

2 마름모꼴의 자세에서 무릎을 최대한 높이 든다. 엉덩이가 조여지는 것을 느끼며 20회 반복한다.

대표적인 다리 운동 중 하나로 허벅지와 엉덩이에 탄력을 주며, 하체 근력을 강화하는 운동에 팔 동작을 더해 가슴 근육 까지 자극할 수 있다. 더 강한 운동 효과를 원한다면 덤벨을 이용해 천천히 운동하는 것이 좋다.

무릎을 굽히며 앉을 때 나가는 무릎이 발끝보다 앞으로 넘어가선 안 된다.

1 오른쪽 다리를 뒤로 빼 넓게 내딛는다. 이때 오 른쪽 발뒤꿈치는 지면에 닿지 않게 살짝 들고, 팔은 자연스럽 게 옆구리에 붙인 다음 가볍게 주먹을 쥔다.

2 양 무릎이 90도가 되게 깊숙이 앉고 등과 허리 를 꼿꼿이 세운다. 이때 무릎이 바닥에 닿을 정도로 내리면 허 벅지 근육을 최대한 사용할 수 있다.

3 무릎을 세우고 일어나는 동시에 양팔을 어깨높이 까지 앞으로 편다. 이 동작을 20회 반복한 후 반대편도 같은 방법으로 실시한다.

엉덩이 말아 올리기

어깨와 목의 뭉친 근육을 풀어주고, 신진대사를 원활하게 도와주는 동작이다.

숨을 내쉬면서 두 다리를 머리 뒤로 넘겨 발끝이 바닥에 닿도록 하면 더 효과적이다.

1 **지면에 등을 대고 누워 양손으로** 지면을 짚어 자세를 고정한 채 다리를 최대한 높이 들어올린다. 이때 허벅지 안쪽으로 힘을 주어 다리를 가지런히 모으고 무릎은 쭉 편다.

2 **양팔로 바닥을 누르면서 숨을 내쉬고** 엉덩이를 하늘로 말아 올린다. 이 동작을 20회 반복한다.

간단한 동작으로 옆구리와 허리, 엉덩이까지 책임진다. 1석 3조의 복합 운동!

1 **골반너비로 무릎을 벌려 꿇어앉은 다음,** 엉덩이를 세워 무릎을 90도로 만든다. 복부에 힘을 주고 긴장된 상태를 유지할 것!

2 **상체를 왼쪽으로 비틀며** 왼손으로 왼쪽 발목을 짚고, 오른손은 하늘로 뻗어 양팔이 일직선이 되게 만든다. 이때 허리와 복부에 힘을 주며 엉덩이를 앞으로 쭉 밀어준다. 반대쪽도 같은 방법으로 반복하는 것이 1회로, 총 20회 실시한다.

2WEEKSDIET

안아주고싶은 **어깨라인**

8 DAY

엉덩이 들어 무릎 벌리기

엉덩이와 함께 등 근육 발달에도 도움이 되는 동작으로, 특히 요통이 있거나 장시간 앉아 있는 경우에 수시로 이 동작을 반복해주면 뭉친 허리 근육을 시원하게 풀 수 있다.

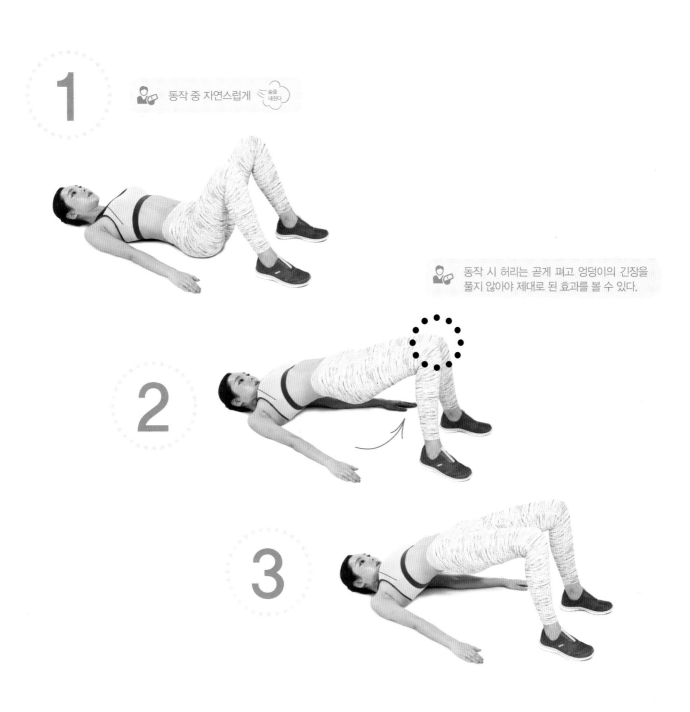

1

동작 중 자연스럽게 숨을 내쉰다

2

동작 시 허리는 곧게 펴고 엉덩이의 긴장을 풀지 않아야 제대로 된 효과를 볼 수 있다.

3

1 천장을 바라보고 바른 자세로 누워 손바닥을 엉덩이 옆 지면에 놓고, 다리는 골반너비로 벌린 상태에서 접어 무릎을 세운다.

2 숨을 내쉬며 엉덩이를 들어올린다. 이때 엉덩이에 긴장감을 느끼며 양 무릎을 모은다.

3 무릎을 모은 상태에서 엉덩이를 최대한 높게 든다. 엉덩이가 모아진 상태에서 허벅지 안쪽과 엉덩이 바깥쪽 근육을 동시에 자극할 수 있다. 이 동작을 20회 반복한다.

한쪽 다리 들며 상체 숙이기

다리를 들면서 팔을 접어 상체를 숙여 버티는 것이 포인트! 팔과 가슴, 어깨 운동으로 효과적이다.

1 양 무릎과 양손을 바닥에 대고 네 발 자세를 취한다. 이때 복부에 힘을 주고 허리를 펴야 하며, 엉덩이가 무릎보다 뒤로 가지 않게 주의한다.

2 왼쪽 다리를 뒤로 쭉 뻗어 골반이 수평이 되게 고정한다.

숨을
내쉰다

3 뻗은 왼쪽 다리를 높게 들어올리며 팔을 굽혀 상체를 숙인다. 처음 자세로 돌아가 20회 반복한 후, 반대편도 같은 방법으로 실시한다.

3 무릎으로 팔꿈치 찍기

'마운트 클라이밍'이라고 불리는 운동으로, 등산을 하는 모습과 유사한 전신 운동이다. 동작을 빠르게 반복하여 복부에 쉬는 시간을 주지 말자!

1

2

숨을
내쉰다

체력이 떨어지면 엉덩이가 하늘을 찌르듯 올라가는 경우가 생기는데, 그러면 크게 효과가 없으니 허리와 배에 힘을 주어 자세를 취하자.

1 **양팔을 뻗어 바닥을 짚고** 다리를 모아 푸시업 자세를 취한다.

2 **왼발이 바닥에 닿지 않게 주의하며** 왼쪽 무릎을 왼쪽 팔꿈치 쪽으로 당긴다. 이때 양팔로 바닥을 짚어 자세를 고정한 채 무릎을 당겨야 어깨가 앞으로 밀리지 않는다. 왼쪽과 오른쪽을 번갈아가며 20회 반복한다.

앉아서 상체 돌리기

잘록한 허리 라인과 편평한 배를 만드는 데 탁월한 동작이다. 오로지 복부의 힘만으로 허리를 좌우로 틀기 때문에 보다 효과적으로 뱃살을 정리할 수 있다. 배와 허리에 긴장을 유지하는 것이 포인트!

1 엉덩이를 바닥에 대고 앉은 다음, 양발을 모아 바닥에서 10cm 정도 띄워준다. 양손은 가슴 앞으로 모으고 상체와 허벅지를 V자로 만들어 버티자. 이때 허리와 등은 최대한 곧게 세워야 한다.

2 호흡을 내쉬며 상체를 왼쪽으로 천천히 돌리며 가지런히 모은 양손으로 왼쪽 바닥을 살짝 짚어준다. 이때 양발은 10cm 정도 든 상태에서 허벅지가 V자가 되게 유지한다.

3 바로 이어서 상체를 오른쪽으로 돌리며 양손으로 오른쪽 바닥을 짚는다. 왼쪽과 오른쪽을 번갈아가며 20회 반복한다.

허벅지 앞뒤와 안팎의 근력을 강화해 처진 허벅지를 탄력 있게 만들어준다. 상체를 비틀어 복부와 옆구리까지 자극해 주도록 하자.

동작 중 자연스럽게 숨을 내쉰다

1 **양발을 어깨너비만큼 벌리고 선 다음,** 양팔은 교차시킨 상태로 어깨높이만큼 들어올린다.

2 **팔은 어깨높이를 유지하고** 허리와 등을 곧게 펴 상체를 숙인다. 이때 엉덩이를 뒤로 빼며 무릎을 굽혀 자세를 잡고, 허벅지에 긴장을 유지하며 천천히 앉는다.

3 처음 자세로 돌아가 상체를 왼쪽으로 비틀며 왼쪽
다리를 들어 오른쪽 팔꿈치와 왼쪽 무릎이 수직선상에서 만
나도록 한다.

4 상체를 오른쪽으로 비틀며 오른쪽 다리를 들어 왼
쪽 팔꿈치와 오른쪽 무릎이 수직선상에서 만나도록 한다. 처
음 자세로 돌아가 번갈아가며 20회 반복한다.

2WEEKSDIET

슬림한팔라인

9 DAY

다리 굽혀 앉아 상체 돌리기

허벅지에 긴장을 유지한 채 상체를 돌리는 동작으로, 상체와 하체의 밸런스를 맞춰 매끈한 바디 라인을 만들 수 있다.

1

동작 중 자연스럽게 숨을 내쉰다

2

3

1 양손을 깍지 낀 후 어깨높이로 올리고, 오른쪽 다리를 뒤로 빼 무릎을 쫙 펴고 넓게 내딛는다. 이때 오른쪽 발뒤꿈치는 지면에 닿지 않게 살짝 든다.

2 등과 허리를 꼿꼿이 세우고 양 무릎이 90도가 되게 깊숙이 앉아 깍지 낀 양손을 앞으로 쭉 뻗는다.

3 앉은 상태에서 깍지 낀 양손과 함께 상체를 왼쪽으로 돌린다. 이때 하체가 흔들리지 않도록 힘을 주고 버틴다. 상체가 정면을 향하게 돌아가 처음 자세로 마무리한다. 이 동작을 20회 반복한 후 반대편도 같은 방법으로 실시한다.

옆으로 누워 무릎 벌리기

틀어져 보기 싫게 툭 튀어나온 고관절을 제자리로 교정하는 동시에 엉덩이까지 탱탱하게 만들어준다.

1

양발이 바닥에서 떨어지지 않도록 주의하고 덜 벌어지고 뻣뻣한 쪽을 더 자주, 더 오래 벌린다.

2

숨을
내쉰다

1 **옆으로 누워 무릎을 90도 접어** 자세를 취한 다음, 오른손은 머리를 괴고 왼손은 배꼽 앞에 두어 상체가 앞뒤로 움직이지 않도록 균형을 잡는다.

2 **양발을 붙인 채 왼쪽 무릎을** 최대한 벌린 다음 위로 올려서 마름모꼴로 만들어 엉덩이가 조여지는 것을 느껴보자. 이때 엉덩이가 뒤로 빠지지 않도록 배에 힘을 주어 고정시킬 것! 이 동작을 20회 반복한 후 반대편도 같은 방법으로 실시한다.

엎드려 양팔 들어올리기

상체와 하체를 모두 고정시킨 상태에서 팔만 움직이는 동작이다. 굳어진 어깨 관절을 풀어주는 데 효과적이며 등과 어깨의 군살을 정리할 수 있다.

1

2

양쪽 견갑골(날개뼈)이 서로 맞닿을 수 있게 등 근육을 조이는 것이 포인트!

숨을 내쉰다

1 배를 바닥에 대고 엎드려 양팔을 옆으로 길게 펴고, 양다리는 어깨너비로 벌려준다. 양손은 가볍게 주먹을 쥐고 엄지손가락을 세워 위쪽으로 향하도록 한다.

2 양팔을 쭉 뻗은 상태에서 최대한 위로 들어올린다. 이 동작을 20회 반복한다.

상체 일으켰다 천천히 내리기

간단한 자세라 쉽게 생각할 수 있지만, 간단해 보일수록 정확한 자세를 취해야만 근육을 제대로 사용할 수 있다. 복부와 허리에 힘이 들어가는 것을 확인하면서 천천히 운동해보자.

1

2 **3**

숨을 내쉰다

1 바른 자세로 누워 양발을 골반너비보다 넓게 벌린 다음, 양손은 앞으로 쭉 펴고 시선은 손끝을 바라본다. 이때 배꼽을 몸 안쪽으로 당긴다는 생각으로 허리를 바닥에 붙인다.

2 상체를 일으키며 양손을 다리 사이에 넣고 바닥을 찍은 다음, 다리가 움직이지 않도록 발바닥을 꾹 누른다. 그대로 멈춰 동작을 유지한다.

3 양팔을 어깨높이로 들고 상체를 천천히 뒤로 눕힌다. 이때 다리가 움직이지 않도록 복부에 최대한 힘을 주고 5초를 세며 상체를 천천히 눕히자. 처음 자세로 돌아가 20회 반복한다.

5
무릎에 한 발 올리고 엉덩이 들기

허리와 엉덩이, 허벅지 뒷부분, 등 뒤쪽 라인을 매끄럽게 잡아주며 코어를 강화시키고 밸런스를 향상할 수 있는 운동이다.

1

엉덩이를 들어올릴 때 숨을 '후' 뱉어주고, 내릴 땐 숨을 들이마시며 근육의 움직임을 느껴보자.

2

1 **하늘을 보고 누운 상태에서** 무릎을 세워 다리를 굽힌 다음, 왼발을 오른쪽 허벅지 위에 올리고 양팔은 엉덩이 옆 지면에 놓는다.

2 **양팔로 바닥을 짚으며 중심을 잡고** 엉덩이를 최대한 높이 들어올린다. 오른쪽 발뒤꿈치로 바닥을 누르며 다리에 긴장을 유지한 상태에서 엉덩이를 힘껏 위로 드는 것이 포인트! 왼쪽과 오른쪽을 번갈아가며 20회 반복한다.

2 W E E K S D I E T

보일듯말듯탄탄한 **바디라인**

11 DAY

웨이브 푸시업 후 하늘 위로 팔 뻗기

상체와 하체 근육을 동시에 사용하기 때문에 전신 근력을 발달시키고 체지방 감소에 도움을 주는 운동이다. 가슴과 어깨는 물론이고 옆구리와 하체 근육에 자극을 주어 전체적으로 아름다운 바디 라인을 만들 수 있다.

1 동작 중 자연스럽게 숨을 내쉰다

2

3 상체를 돌릴 때 엉덩이가 바닥으로 떨어지지 않게 허리와 배, 팔에 힘을 주어야 지탱할 수 있다.

1 양손으로 바닥을 짚고 엎드리며 엉덩이를 든다. 이때 복부에 힘을 주고 양쪽 견갑골이 멀어지도록 등을 편다.

2 팔에 힘을 주고 버티면서 허벅지 - 배꼽 - 가슴 순으로 내려갔다가 가슴 - 배꼽 - 허벅지 순으로 올라온다.

3 상체를 왼쪽으로 돌려 왼팔을 하늘로 쭉 뻗고 10초 동안 자세를 유지한다. 이때 오른손으로 바닥을 짚어 상체를 지탱하고 시선은 왼손 끝을 바라본다. 상체를 돌리는 동작은 왼쪽과 오른쪽을 번갈아가며 20회 반복한다.

2 한 발씩 높게 차기

다리를 왼쪽, 오른쪽으로 번갈아가며 올려서 고관절의 움직임을 최대로 만들어 틀어진 골반을 교정하고 다리 라인을 곧게 만들어준다. 엉덩이의 모든 근육을 사용하기 때문에 넓게 퍼진 엉덩이를 모으는 데 탁월하다.

1

2

숨을
내쉰다

4

5

숨을
내쉰다

1 양손과 양 무릎을 지면에 대고 네 발 자세를 취
한다.

2 왼쪽 다리를 45도 바깥쪽으로 뻗어준다.

3 상체가 앞으로 숙여지지 않게 팔로 지탱하면서 왼
쪽 다리를 위로 높이 들어올린다.

4 위로 올린 왼쪽 다리를 오른쪽으로 내린 다
음, 팔에 힘을 주고 상체는 계속해서 처음 자세를 유지한다.

5 오른쪽으로 내린 왼쪽 다리를 다시 위로 높이
들어올렸다가 왼쪽으로 내리며 운동을 마무리한다. 20회 반
복한 후 발을 바꿔 같은 방법으로 실시한다.

다리를 들어올려 복부 근육이 고립되면 수축과 이완이 이루어질 때 더욱 큰 자극을 줄 수 있다. 다리를 빠르게 움직여 아랫배에 최대한 많은 자극을 주도록 하자.

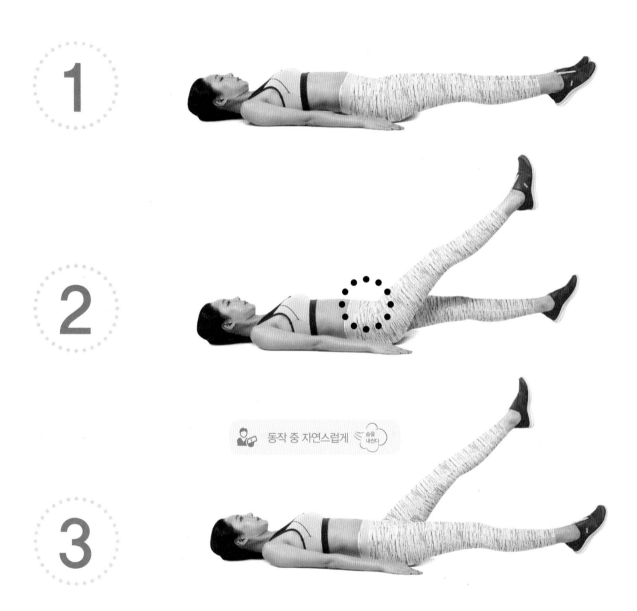

1 동작 중 자연스럽게 숨을 내쉰다

허리가 뜬다면 양손을 엉덩이 밑으로 넣고 실시할 것!

1 편하게 누워 양팔을 옆구리에 붙이고 양다리는 가지런히 모아 바닥에서 10cm 정도 띄워준다.

2 왼쪽 다리는 그대로 두고 오른쪽 다리를 45도 정도 위로 들어올린다. 이때 양팔로 바닥을 짚고 허리는 바닥에서 떨어지지 않게 딱 붙인다.

3 다리를 번갈아가면서 교차한다. 익숙해지면 각도를 90도 정도로 넓혀 실시할 것! 이 동작을 20회 반복한다.

이른바 '코어 운동'의 한 종류로 전신 근육을 조화롭게 만들 수 있는 동작으로 이미 각광받고 있다. 특히 하복근에 적절한 긴장이 가해지면서 옆구리와 허리 근육을 강화하는 데 최고의 동작이다.

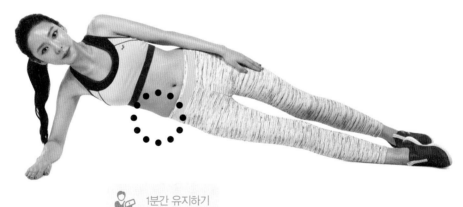

1분간 유지하기

1 옆으로 누운 상태에서 오른팔을 바닥에 붙여 상체가 앞뒤로 흔들리지 않게 고정한다. 양다리는 교차해서 편하게 놓고 왼손은 자연스럽게 왼쪽 허벅지 위에 올린다.

2 오른팔로 지탱하며 엉덩이를 위로 들어올려 1분간 자세를 유지한다. 팔심으로 버틴다기보다는 허리에 힘을 주어 버티는 것이 제대로 된 자세! 자신의 체중을 지탱하다 보면 상체와 하체의 근력이 골고루 발달되는 것을 느낄 수 있다.

발 뒤로 빼며 상체 숙여 돌리기

허벅지에 긴장을 유지한 채 상체를 돌리는 동작으로, 상체와 하체의 밸런스를 맞춰 매끈한 바디 라인을 만들 수 있다. 게다가 상체의 좌우 균형을 회복시켜 반듯한 어깨 라인을 만들 수 있다.

1

2

1 **양팔을 옆구리에 붙이고** 다리는 어깨너비로 벌려 편하게 선다.

2 **오른쪽 다리를 뒤로 뻗어** 무릎을 완전히 펴고 넓게 내딛은 다음, 상체를 숙이며 양손으로 바닥을 살짝 짚는다. 이때 굽힌 왼쪽 다리에 힘껏 힘을 주고 버틸 것!

3

  동작 중 자연스럽게 숨을 내쉰다

4

3 **왼발에 힘을 주고 버틴 상태에서** 상체를 왼쪽으로 돌리며, 오른 손으로 바닥을 짚고 왼손은 하늘로 뻗어 양팔이 서로 일직선이 되게 만든다. 이때 상체가 흔들리지 않게 오른팔로 버티면서 시선은 왼손 끝을 바라본다.

4 **하늘로 뻗었던 왼팔을 내려** 다시 바닥을 짚고, 뒤로 편 오른발을 가 슴으로 당기며 처음 자세로 돌아온다. 왼쪽과 오른쪽을 번갈아가며 20회 반 복한다.

2WEEKSDIET

섹시함의 끝, 허리골짜기

12 DAY

1

팔 Y자 모양으로 들어올리기

목부터 어깨, 팔까지 이어지는 라인에 군살이 많으면 어떤 옷을 입어도 답답한 인상을 준다. 스트레스로 인해 어깨 근육이 뭉친 경우가 많은데, 이런 경우엔 목도 뻣뻣해지고 얼굴도 잘 붓는다. 이 동작은 어깨 라인의 순환을 원활하게 풀어주고 굽은 등과 어깨를 바르게 펴준다.

1

2

숨을
내쉰다

양팔을 높게 들어 5초간 유지했다가 다시 처음
자세로 돌아가 팔을 바닥에 붙인다.

1 **배를 지면에 대고 엎드린 상태에서** 양팔을 위로
길게 편 다음, 양손은 가볍게 주먹을 쥐고 엄지가 위쪽으로 향
하게 놓는다. 다리는 어깨너비로 벌린 채 길게 뻗는다.

2 **호흡을 내쉬며 양팔을 최대한 위로** 뻗어 올린
다. 이때 배꼽 아랫부분은 움직이지 않게 고정시킨 채 등과
허리의 힘만으로 양팔을 높게 들어올릴 것! 이 동작을 20회
반복한다.

핸드 플랭크와 엘보 플랭크 이어서 하기

손바닥으로 지면을 짚는 플랭크와 팔꿈치로 지면을 짚는 플랭크를 연속으로 이어서 하는 동작으로, 팔의 근력은 물론 복근 근력 향상에 효과적이다. 보기엔 쉬워 보이지만 조금만 해도 팔과 복근이 후들후들 떨리는 것을 경험할 수 있다.

1

동작 중 자연스럽게 숨을 내쉰다

2

3

1 양손과 다리를 지면에 대고 엎드려뻗쳐 자세를
취한다. 이때 양팔과 양다리를 어깨너비로 벌린다.

2 한 팔씩 팔꿈치를 접어 몸을 내리고 접은 팔꿈
치로 지탱한다. 이때 엉덩이가 하늘로 솟구치지 않게 허리와
배에 힘을 주는 것이 포인트!

3 다시 한 팔씩 팔꿈치를 펴서 엎드려뻗쳐 자세로
돌아온다.

4 팔이 긴장되는 것을 느끼며 허벅지-배꼽-가슴 순
으로 바닥에 붙이며 눕는다. 다시 가슴-배꼽-허벅지 순으
로 바닥에서 들어준다. 웨이브를 추듯이 리드미컬하게 움직
여보자.

5 양팔로 바닥을 밀어내듯이 힘을 주고 어깨를 위로
밀어 엉덩이를 최대한 높게 든다. 다리가 굽혀지지 않도록 신
경 쓰며 무릎을 완전히 편다. 이 동작을 20회 반복한다.

상체와 하체 동시에 접기

뻣뻣한 허벅지 뒤쪽을 개운하게 풀어주고 복부의 군살을 제거해 탄탄한 복근을 만들 수 있다. 빠르게 동작을 반복해 타는 듯한 복부의 통증을 느껴보자.

1

2

숨을 내쉰다

> 팔꿈치와 무릎이 서로 맞닿게 자세를 취할 것!

1 몸이 일직선이 되도록 바르게 누워 양팔은 자연스럽게 머리 위로 뻗는다. 양다리 또한 자연스럽게 모으고 몸을 쭉 편다는 느낌으로 복부가 늘어남을 느껴보자.

2 무릎을 접으며 다리를 들어올리고 팔꿈치도 접어 상체를 일으킨다. 복부가 조여지는 것을 느끼며 자세를 유지한다. 처음 자세로 돌아가 이 동작을 20회 반복한다.

V자 버티기

동작을 천천히 반복해 최대한 바른 자세를 유지하도록 한다. 느슨해진 허리와 복부 근육을 꽉 조여준다.

1

2

👤 1분간 유지하기

1 엉덩이를 대고 앉은 상태에서 상체를 45도 뒤로 기울인 다음, 양팔은 쭉 뻗은 상태에서 어깨높이까지 올리고 양 다리는 무릎을 편 채 가지런히 모은다. 모은 양발은 10cm 정도 띄워 복부와 허리에 긴장감을 더하자.

2 무릎을 접으며 가슴으로 당겨 상체와 허벅지 라인이 V자 모양이 되게 만든다. 이때 상체가 뒤로 넘어가지 않게 팔로 중심을 잡고 1분간 자세를 유지한다.

무릎 굽히고 걷기

엉덩이는 물론이고, 허벅지 앞쪽 근육과 허벅지 뒤쪽 근육을 모두 사용하기 때문에 '코끼리 허벅지'로 고민하는 여성들에게 강력 추천한다. 중간에 쉬는 시간을 갖지 않고 연속으로 실시하면 불타는 허벅지를 경험할 수 있다.

1 **양다리는 어깨너비로 벌리고** 양손은 가볍게 허리에 올려 편하게 선다.

2 **왼쪽 다리를 뒤로 빼며** 양쪽 무릎이 90도가 되도록 깊숙이 앉는다. 이때 허리와 등을 곧게 펴 상체를 최대한 세운다.

3 **뒤로 뺀 왼쪽 다리를 앞으로 넓게** 내딛으며 오른쪽 무릎이 바닥에 닿기 직전까지 앉았다가 일어선다. 왼쪽과 오른쪽을 번갈아가며 20회 반복한다.

2

동작 중 자연스럽게 숨을 내쉰다

3

2WEEKSDIET

허 리 2 인 치 줄 이 기

13 DAY

옆으로 누워 팔다리 모으기

사이드 플랭크를 변형한 자세로 허리와 엉덩이, 허벅지 근육을 동시에 운동시킨다. 이 동작을 실시하면 허리는 잘록해지고 엉덩이와 허벅지 라인은 매끈하게 정돈되어 다리가 훨씬 길어 보인다.

1

2

숨을 내쉰다

팔심으로 버틴다기보다는 허리에 힘을 주어 버티는 것이 제대로 된 자세!

1 옆으로 누운 상태에서 오른팔을 바닥에 붙여 상체가 앞뒤로 흔들리지 않게 고정한다. 양다리는 교차해서 편하게 놓고 왼팔을 머리 위로 뻗어 귀 옆에 붙인 다음, 엉덩이를 들어올린다. 이때 엉덩이가 바닥에 닿지 않도록 오른쪽 옆구리에 힘을 준다.

2 엉덩이가 바닥에 닿지 않도록 자세를 유지하며 왼쪽 팔꿈치와 왼쪽 무릎을 당겨 서로 맞닿게 한다. 이 동작을 20회 반복한 후 반대편도 같은 방법으로 실시한다.

한 발 뒤로 빼며 상체 숙이기

간단하고 쉬운 동작 같지만 한쪽 다리로 체중을 지탱하며 움직이기 때문에 허벅지와 엉덩이 사이에 상상 이상의 자극을 줄 수 있다.

1

1번으로 돌아가며 <small>숨을 내쉰다</small>

2

오른쪽 발뒤꿈치를 들고 왼쪽 다리에 체중을 온전히 실어야 한다. 제대로 된 자세를 취하면 왼쪽 허벅지 뒷부분과 엉덩이가 당기는 것을 느낄 수 있다.

1 오른쪽 다리를 한 뼘 정도 뒤로 빼고 발뒤꿈치를 세운 다음, 양손은 가볍게 주먹을 쥔 상태에서 허벅지 앞으로 모은다. 이때 왼발에 무게중심을 두고 몸이 흔들리지 않도록 균형을 잡는다.

2 허리와 등을 곧게 편 상태에서 엉덩이를 뒤로 빼며 양손이 무릎 앞으로 내려갈 때까지 상체를 숙인다. 왼쪽과 오른쪽을 번갈아가며 20회 반복한다.

약한 복부와 허리의 힘을 키우는 데 최고의 운동이다. 엉덩이를 드는 동작은 굽은 어깨의 최대 원인인 견갑골(날개뼈)의 위치를 바르게 잡아주어 예쁜 어깨 라인을 만들어준다.

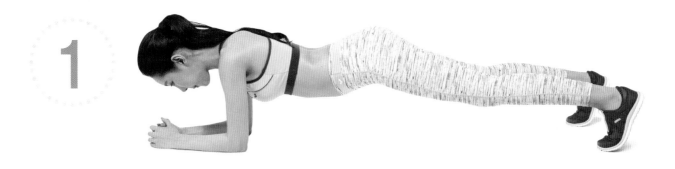

1

배꼽이 바닥에 닿지 않게 엉덩이와 허리에 힘을 주며 자세를 유지하는 것이 중요!

2

숨을 내쉰다

1 **양손을 깍지 낀 후 팔꿈치를 접어** 지면에 대고, 양다리는 어깨너비로 벌려 엎드린다. 이때 머리부터 발끝까지 일직선이 되도록 엉덩이와 허리에 힘을 준다.

2 **바닥을 힘껏 밀며 엉덩이를 최대한 높이 들 어올린다.** 이때 허리와 등은 곧게 펴고 복부와 옆구리에 잔뜩 힘을 준다. 이 동작을 20회 반복한다.

13 DAY 4 엎드려 무릎 X자로 당기기

마운트 클라이밍을 변형한 동작으로 온몸의 근육을 사용해 몸매를 탄력 있게 잡아준다. 빠르게 동작을 반복하다 보면 자신도 모르게 쏙 들어간 복부를 만날 수 있다.

동작 중 자연스럽게 숨을 내쉰다

1 양손과 양발을 바닥에 대고 엉덩이를 들어 엎드려뻗쳐 자세를 취한다. 팔뿐만 아니라 복부와 허리에 힘을 주어 자세를 유지한다.

2 고관절을 오른쪽 방향으로 돌리며 오른쪽 무릎을 왼쪽 팔꿈치 방향으로 당긴다. 이때 오른쪽 무릎이 지면에 닿지 않게 들고 당기는 것이 중요하다.

3 당긴 오른쪽 무릎을 펴주면서 처음 자세로 돌아온다.

4 이번에는 고관절을 왼쪽 방향으로 돌리며 왼쪽 무릎을 오른쪽 팔꿈치 방향으로 당긴다. 이 동작을 20회 반복한다.

옆으로 누워 상체 접기

온몸을 사용하기 때문에 근력이 없어도 쉽게 동작을 반복할 수 있다. 목표한 개수를 채울 때까지는 쉬지 말고 연속으로 실시할 것! 옆구리의 지방을 자극하는 데 이것만큼 좋은 동작이 없다.

1

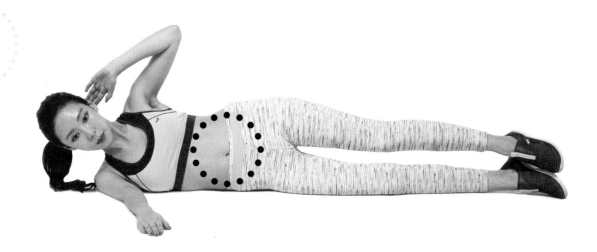

2

1 옆으로 누운 뒤 오른팔을 앞으로 뻗어 지면에 놓고 왼팔은 팔꿈치를 접어 귀 옆에 붙인다. 양발은 가지런히 붙이고 엉덩이가 뒤쪽으로 넘어가지 않게 아랫배에 힘을 주어 중심을 잡는다.

2 오른팔로 바닥을 밀며 상체를 들어올리는 것과 동시에 양쪽 무릎을 접어 들어올린다. 이때 왼쪽 팔꿈치와 왼쪽 무릎이 닿을 수 있게 몸을 접는다. 왼쪽과 오른쪽을 번갈아가며 20회 반복한다.

2 WEEKS DIET

운동의끝, 고강도 **전신운동**

14 DAY

앉았다 일어서며 팔 옆으로 들기

크게 사용하지 않는 무릎 관절을 풀어 무릎의 운동 범위를 늘려주며, 오그라든 가슴 근육을 펴주고 굳어 있는 어깨 관절을 유연하게 만들어준다.

1 **3**

2

1번으로 돌아가며   숨을 내쉰다

1 양손을 좌우로 벌려 어깨높이로 올린 다음, 왼쪽 다리를 뒤로 빼 무릎을 쫙 펴고 넓게 내딛는다. 이때 왼쪽 발뒤꿈치는 지면에 닿지 않게 살짝 들 것!

2 오른쪽 무릎이 지면에 닿을 정도로 깊숙이 앉는다. 이때 등과 허리를 꼿꼿이 세우며 양손은 자연스럽게 옆구리에 붙인다.

3 양쪽 무릎을 펴고 일어나면서 양팔을 좌우로 들어 올리고 하체가 흔들리지 않도록 허벅지와 종아리에 힘을 주고 버틴다. 왼쪽과 오른쪽을 번갈아가며 20회 반복한다.

앉았다 일어서며 다리 올리기

상체를 숙이는 동작은 허리 운동, 무릎을 굽히며 앉는 동작은 허벅지와 엉덩이 운동, 다리를 옆으로 들어올리는 동작은 복부와 옆구리 운동이다. 큰 동작은 아니지만 전신을 자극할 수 있는 효율성 높은 운동으로, 좁은 공간에서 운동할 때 좋다.

동작 중 자연스럽게 숨을 내쉰다

2

3

1

1 **팔꿈치를 접어 양손을 귀 옆으로 붙인 다음,** 양다리는 어깨너비로 벌리고 시선은 정면을 바라보며 편하게 선다.

2 **허리와 등을 곧게 편 상태에서** 상체를 앞으로 숙인다. 이때 무릎을 완전히 펴 엉덩이를 뒤로 뺀다.

3 **허리와 등이 긴장되는 것을 느끼며** 처음 자세로 돌아온다.

4 **상체를 세운 뒤 무릎을 굽혀** 천천히 앉았다가 허벅지와 엉덩이가 당기는 것을 느끼며 천천히 일어선다. 이때 발뒤꿈치가 바닥에서 떨어지지 않도록 주의할 것!

5 **왼쪽 무릎을 굽히고 들어올리며** 왼쪽 무릎과 왼쪽 팔꿈치가 서로 맞닿도록 한 다음, 천천히 발을 내린다.

6 **이번에는 오른쪽 무릎을 굽히고 들어올리며** 오른쪽 무릎과 오른쪽 팔꿈치 가 서로 맞닿도록 한다. 이 동작을 20회 반복한다.

4

중간에 쉬는 시간을 갖지 않고 실시해 호흡이 가빠지는 것을 느껴보자.

5

6

팔 올리고 옆으로 뻗기

간단한 동작이지만 어깨 관절을 다양한 각도로 움직여 뭉친 어깨를 풀어주는 데 효과적이며, 승모근 라인을 길게 늘여 아름다운 어깨 라인을 만들어준다. 가벼운 덤벨을 들고 실시하면 팔뚝살까지 동시에 잡을 수 있다.

1

 동작 중 자연스럽게 숨을 내쉰다

2

1 상체를 앞으로 20~30도 정도 숙인 다음, 양손은 주먹을 가볍게 쥐고 허벅지 앞으로 모아주고 양다리는 어깨너비로 벌리고 선다.

2 가슴과 어깨 근육에 힘이 들어가는 것을 느끼며 양팔을 어깨높이로 들어올린다. 이때 상체가 앞뒤로 움직이지 않게 고정시킨다.

3 양쪽 견갑골(날개뼈)이 서로 맞닿을 수 있게
  팔을 옆으로 넓게 벌리며 등 근육을 모아준다.

4 가슴을 모은다는 느낌으로 다시 팔을 앞으로 모아
  준다. 이때 어깨와 가슴에 긴장을 유지하자. 이 동작을 20회
  반복한다.

누워서 발목 찍기

손과 발을 이용한 동작으로 복근을 수축시켜 편평한 배를 만드는 데 효과적이다.

1 등을 대고 누운 자세에서 왼손은 위로 쭉 뻗고, 오른손은 45도 정도 벌려 바닥에 놓는다. 오른쪽 다리는 무릎을 완전히 펴서 하늘 방향으로 높게 들어올리고, 왼쪽 다리는 무릎을 세워 굽힌다.

2 숨을 내쉬고 오른팔로 바닥을 누르며 상체를 일으켜 오른쪽 무릎이 구부러지지 않게 주의하면서 왼손으로 오른쪽 발목을 찍어준다. 숨을 들이마시며 상체를 천천히 내리고, 다시 숨을 내쉬며 발목을 찍는다. 이 동작을 20회 반복한 후 반대편도 같은 방법으로 실시한다.

엎드린 자세에서 엉덩이 좌우로 돌리기

허리와 옆구리, 복부의 근육을 전체적으로 사용할 수 있는 고난도의 운동으로, 몸의 중심을 이동하면서 상체 근육을 긴장시켜 상체 라인이 슬림해지는 효과를 볼 수 있다.

1

2
숨을 내쉰다

3
숨을 내쉰다

1 **양쪽 팔꿈치를 바닥에 대고** 양다리는 어깨너비로 벌린 다음, 엎드려뻗쳐 자세를 취한다. 이때 복부와 허리에 힘을 주어 엉덩이를 들어주고 양쪽 견갑골이 최대한 멀어지도록 서로 밀어준다.

2 **양팔을 지면에 붙인 상태에서** 엉덩이를 왼쪽으로 돌려 살짝 바닥을 찍는다. 이때 허리와 옆구리, 복부에 최대한 힘을 주고 버티면서 천천히 엉덩이를 돌려보자. 엉덩이로 바닥을 찍은 후에는 처음 자세로 돌아간다.

3 **이번에는 양팔을 지면에 붙인 상태에서** 엉덩이를 오른쪽으로 돌려 살짝 바닥을 찍는다. 왼쪽과 오른쪽을 번갈아가며 20회 반복한다.

2 WEEKS DIET

운 동 후 스 트 레 칭

스트레칭은 손끝부터 발끝까지 전신 근육과 관절을
자극하고 사용하므로 순환이 잘 되어 부기가 가라앉
고 변비가 해소되는 효과가 있다. 부기가 해소되는
것만으로도 체중과 신체 사이즈가 줄어드니 건강과
아름다움이라는 두 가지 효과를 얻는 것이다.
갑자기 운동을 한 뒤에는 평소 잘 사용하지 않던 근
육이나 관절이 자극을 받아 근육통에 시달리게 된다.
운동 후에는 반드시 스트레칭을 통해 몸 전체를 고
르게 자극해주면 피로가 누적되거나 경직되는 증상
을 예방하고 해당 부위에 발생하는 통증을 해소할
수 있다.

1 **오른쪽 무릎을 접어 왼쪽 무릎 위로 올려주고** 왼쪽 무릎을 가슴 쪽으로 당긴다. 이때 오른손과 왼손을 깍지 껴서 왼쪽 무릎을 감싼다. 오른쪽 엉덩이와 허리가 스트레칭 되는 것을 느끼며 20초간 자세를 유지한다.

2 **왼쪽 무릎을 완전히 펴고** 양손으로 왼쪽 종아리를 잡아준 다음, 머리 쪽으로 가볍게 당긴다. 오른쪽 엉덩이와 왼쪽 허벅지 뒷부분이 시원하게 늘어나는 것을 느낄 수 있다. 이 자세도 20초간 유지한다.

1 다리를 곧게 펴고 누워서 양팔을 넓게 벌리고 손바닥으로 지면을 짚은 다음, 오른쪽 무릎을 접어 왼쪽으로 서서히 넘긴다. 오른쪽 허리의 자극을 느끼며 20초간 자세를 유지한다.

2 이번에는 왼쪽 무릎을 접고 오른쪽으로 서서히 넘긴다.
왼쪽 허리의 자극을 느끼며 20초간 자세를 유지한다.

1 누워서 양팔을 머리 위로 곧게 뻗어 올려 팔이 바닥에 닿게 하고, 허리를 들어 가슴을 위로 살짝 들어준다. 발끝은 발레리나처럼 아래로 쭉 뻗으며 무릎을 완전히 편다.

2 기지개를 켜듯이 위아래로 온몸을 늘인다. 20초간 자세를 유지한다.

복부 늘이기

1 엎드린 자세에서 양발은 어깨너비로 벌린다.

2 **손바닥으로 바닥을 밀며** 상체를 들어올린다. 이때 배꼽이 바닥에서 떨어
  질 때까지 상체를 들어 복부가 늘어나는 것을 느끼면서 20초간 자세를 유지한다.

1 양손과 무릎을 바닥에 대고 네 발 자세를 만든다.

2 양손으로 바닥을 미는 느낌으로 힘을 주며 배꼽을 당겨 등을 동그랗게 말아 올린다. 하늘을 향해 쭉 밀어주며 20초간 자세를 유지한다.

1 양다리를 가볍게 벌리고 반듯하게 앉는다.

2 상체가 뒤로 넘어가지 않게 양손으로 왼쪽 종아리를 감싸며 천천히 당긴다. 이때 종아리와 허벅지를 쭉 펴고 다리를 최대한 가슴 쪽으로 잡아당긴다. 허벅지와 종아리의 부기가 가라앉는 것을 느끼며 20초간 자세를 유지한다.

옆구리 늘이기

1 다리를 가지런히 모으고 서서 머리 위로 양 손바닥을 붙인 다음, 호흡을 내쉬며 오른쪽으로 상체를 기울인다.

2 이번에는 호흡을 내쉬며 상체를 왼쪽으로 기울여 옆구리가 늘어나는 것을 느껴보자. 왼쪽과 오른쪽을 번갈아 가며 20초간 자세를 유지한다.

애정지수가 팍팍 올라가는 커플 운동

COUPLE ────

보통의 여성들은 근력 운동이 힘들고 지루하다는 편견을 가지고 유산소 운동에 집중하는 경우가 있다. 커플 근력 운동은 서로를 다독이고 응원하며 운동할 수 있기 때문에 지루하거나 힘들 시간이 없다. 그만큼 운동 시간도, 운동 효과도 UP!

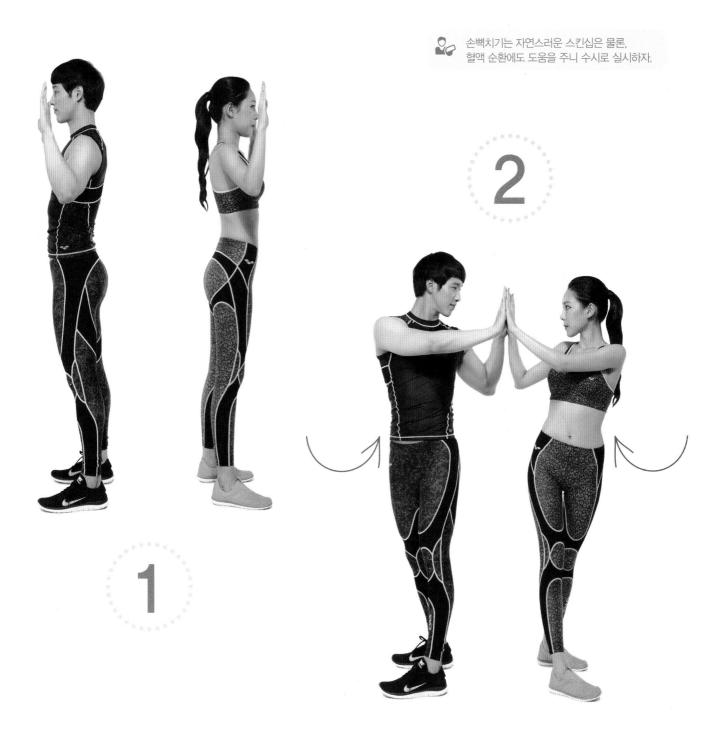

손뼉치기는 자연스러운 스킨십은 물론, 혈액 순환에도 도움을 주니 수시로 실시하자.

1 서로의 등을 마주하고 선다. 양다리는 어깨너비로 벌리고 양손은 팔꿈치를 접어 얼굴 옆으로 올려준다.

2 하체를 고정한 상태에서 남성은 상체를 왼쪽으로 돌리고, 여성은 오른쪽으로 돌려 서로 양 손바닥을 맞댄다. 처음 자세로 돌아가 왼쪽과 오른쪽을 번갈아가며 20회 반복한다.

무릎 당겨 엉덩이 늘이기

1

어깨 위에 올린 손으로 서로를 의지하며 중심을
잡는 것이 포인트!

1 마주 보고 서서 양손을 서로의 어깨 위에 올리고 양발은 어깨너비로 벌려준다.

2 **남성은 오른발을 뒤로 빼며** 무릎이 바닥에 닿기 직전까지 깊숙이
앉는다. 여성은 왼발을 앞으로 내딛으며 무릎을 90도로 세운다.

3 **남성은 뒤로 뺀 오른발을 앞으로** 이동하며 무릎을 90도로 세
워 자세를 마무리한다. 여성은 앞으로 내딛은 왼발을 뒤로 빼며 무릎이 바
닥에 닿기 직전까지 앉아준다. 이 동작을 20회 반복한 후 반대편도 같은 방
법으로 실시한다.

1

손을 맞잡고 서로를 의지하며
최대한 옆으로 숙인다.

1 남성과 여성 모두 오른손을 앞으로 뻗어 서로 맞잡는다.

2 남성과 여성 모두 왼팔을 위로 올려 귀 옆에 딱 붙인다.

3 남성과 여성 모두 오른쪽으로 상체를 최대한 기울인다. 20초간 자세를 유지한 후 반대편도 같은 방법으로 실시한다.

서로 잡은 두 손이 떨어지면 동작이 와해되니 두 손을 놓치지 않아야 한다.

1 양손을 서로 맞잡고 앉아 무릎을 굽혀 발가락이 맞닿게 자세를 취한다. 복부에 힘을 주고 무릎을 당겨 두 손이 떨어지지 않게 꽉 잡는다.

2 손을 꽉 잡은 채 남성은 왼쪽 다리를, 여성은 오른쪽 다리를 위로 들어올리며 서로의 발바닥을 붙인다.

3 반대쪽 발도 위로 들어올리며 서로의 발바닥을 붙인다. 무릎을 최대한 펴고 20초간 자세를 유지한다.

등 기대고 기지개 켜기

 힘으로 하려고 하지 말고, 중심을 잡아 가볍게 넘겨야 서로 힘이 들지 않는다.

1 등을 기대고 앉아 양손을 머리 위로 올린 후 서로 맞잡는다.

2 남성은 상체를 앞으로 숙이고, 여성은 남성의 등에 기댄 채 몸을 뒤로 넘긴다. 여성은 남성이 상체를 잡아 끌어줄 때 양발로 가볍게 바닥을 밀어 온몸을 늘인다. 이때 남성도 무릎을 편 채 앞으로 숙이기 때문에 허벅지 뒤쪽과 종아리 뒤쪽을 시원하게 풀 수 있다.

식사 계획을 세워라

매일 언제, 무엇을 먹을 것인지 계획해야 한다. 그렇다면 식사를 걸렀을 때 나타나는 배고픔과 그다음에 벌어질 폭식이라는 극단적인 상황에서 우리는 벗어날 수 있다. 우리의 14일 다이어트 프로그램은 식사 계획을 세움으로써 체중을 늘리는 데 일등공신이었던 과식과 소식의 불규칙한 식습관에서 해방될 것이다.

지나친 소식은 하지 말자.

오랫동안 음식을 섭취하지 않거나 지나치게 적게 먹는 방식으로 다이어트를 하면 뇌는 기아 상태로 인식하여 몸에 SOS를 보내고 결국 몸은 지방을 저장하게 된다. 극단적인 단식이나 지나치게 소식했던 사람이 예상했던 체중 감량에 실패하는 이유이다. 우리 몸은 비정상적인 배고픔이 계속될 때 지방을 저장하게 되어 있다. 그러므로 체중을 줄이고 싶다면 몸이 기아 모드로 전환되는 것을 필사적으로 막아야 한다. 그 유일한 방법은 적당량의 좋은 음식을 자주 먹는 것이다.

식품 라벨을 반드시 확인하자.

우리가 하루 운세를 보는 만큼 혹은 SNS를 접속하는 것만큼 적극적으로 식품 라벨을 읽어야 한다. 라벨에 다음 중 하나라도 포함되어 있다면 과감히 그 음식은 포기하자.

설탕, 정백당(백설탕), 맥아당
강화 밀가루, 표백 밀가루, 정제 밀가루
액상 과당

이 물질들은 체내의 호르몬 분비에 대대적인 혼란을 일으키고 몸에 잘못된 메시지를 전달한다. 약간 과체중인 사람이 당을 섭취했을 경우 그중 5%는 간과 근육에 비축되고, 60%는 에너지원으로 사용되며, 남은 35%는 지방의 형태로 비축된다는 사실을 꼭 명심하자.

갈증과 배고픔을 혼동하지 말자.

허기가 느껴질 때, 우선 한두 잔의 물을 마셔보자. 식욕 중추신경이 진정으로 원하는 것은 위를 채우는 것이 아니라 갈증을 달래는 것일 수도 있다. 음식에 대한 호르몬 작용을 진정시키는 방법은 갈증을 달래기 위해 칼로리만 있고 영양소는 없는 음료를 마시지 않는 것이다. 갈증 중추신경은 0cal의 생수든 430cal의 프라푸치노든 상관하지 않기 때문이다.

과음하지 말자.

다이어트 기간에 과도한 음주는 하지 말아야 한다. 술로 인해 나중에 얻게 되는 칼로리가 더 큰 문제이기 때문이다. 술은 자제심을 무너뜨려 손에 잡히는 것은 무엇이든 먹어치울 수 있게 한다. 하루 한 잔 마시는 레드와인은 동맥보호 효과가 있지만, 동시에 렙틴 분비를 억제하므로 살이 찌는 것은 분명 감수해야 할 것이다.

속도를 늦추자.

음식을 섭취하기 전에 몸에 좋은 지방을 먹으면 뇌에 배가 부르다는 신호를 보낸다. 식사하기 20분 전에 70cal 정도의 불포화지방(예: 호두 6개 또는 아몬드 12개)을 섭취한다면 뇌에 배가 부르다는 메시지가 전달되고 위에서 포만감이 유지되는 시간도 늦출 수 있다. 호르몬의 활동 가능성을 무력하게 만들면서 포만 중추신경이 작동하기도 전에 식사를 끝마칠 수 있는 것이다. 그러므로 천천히 먹어야 한다. 포만 호르몬이 제 역할을 다하도록 시간을 줘야 한다.

알람을 아침 시간에 맞추고 섬유질을 먹자.

섬유질을 섭취하면 일반적으로 건강이 좋아지고 화장실 가는 횟수도 증가한다고 생각하지만, 섬유질은 위장관 도로의 과속 측정 카메라일 뿐이다. 섬유질은 음식물의 통과 속도를 늦춰줌으로써 포만감을 더 오래 유지하게 해줘서, 포만감은 증가하고 식욕은 감소하게 된다. 따라서 아침에 섬유질을 섭취하면 다이어트의 결심이 힘없이 무너지는 늦은 오후의 유혹에서 벗어날 수 있다. 허기가 줄어들기 때문이다. 아침에 먹기 좋은 섬유질 음식은 오트밀, 시리얼, 통곡물, 과일 등이 있다.

그릇 크기를 줄이자.

몇몇 연구 결과에 따르면 몸에 좋지 않은 음식이 큰 접시에 담겨 있으면 작은 접시에 같은 양이 담겨 있을 때보다 30% 이상이나 더 먹게 된다고 한다. 큰 접시에 음식이 담겨 있으면 배고픔을 달래기보다 무의식적으로 먹는 것이 남는 것으로 생각되어 필요 이상으로 많이 먹게 된다. 시각적인 만족이 포만감을 결정하는 요소 중 하나라는 사실을 보여주는 연구 결과가 그릇 크기의 중요성을 증명해 준다. 같은 이유로 포장 용기에 든 음식을 절대 그대로 먹지 말고, 그릇에 담을 때는 성인 여성 주먹 크기가 적당하다는 것을 꼭 기억해야 한다.

커피를 마시자.

커피는 으뜸가는 항산화 성분 식품이다. 음식 섭취 욕구가 생길 때 폴리페놀이 풍부하고 칼로리가 낮은 커피를 선택해 보자. 카페인에 예민하다면 디카페인 커피를 마셔도 된다. 바나나도 항산화 식품이지만, 바나나로 얻는 양은 커피의 15%에 불과하다.

쉼 없이 달리는 고단한 삶만큼이나
끊임 없이 움직이는 우리의 몸과 마음에
소미노 Lounge는
우리가 직면한 신체적인 문제들에 답하고,
마음의 탄력을 높이는 문화생활로
인간 본연의 아름다움을 회복하도록 안내한다.

1. 우리 땅의 가장 좋은 원료로 구상한 식단
건강한 아름다움을 위해 최적의 국산 식재료를 거쳐 식단을 꾸렸다.

2. 지친 몸을 위한 진정한 휴식
소화가 비교적 수월한 발효식품과 식이섬유가 풍부한 음식을 통해
매 끼니를 챙기느라 한 번도 쉬지 못한 소화기관을 충분히 쉬게 한다.

3. 아름답게 슬림해지다
자연 유래의 아미노산과 단백질, 유산균을 충분히 공급하여
단순히 몸무게가 변하는 것에 그치지 않고 더욱 맑고 생기 있는 모습으로 가꿔준다.

4. 장(腸)을 건강하게 만들다
Lounge를 구성하는 식품은 유산균을 접종한 후 장시간 발효와 숙석의 과정을 거쳐
다량의 유산균 생성물을 섭취할 수 있다.

비움 전 알아두면 좋은 팁!
1. 가벼운 스트레칭이나 산책, 더운 물 목욕, 물 마시기를 규칙적으로 해 주세요.
2. 물은 조금씩 자주 먹어야 소변과 땀을 통해 독소가 배출되는데 도움 됩니다.
3. 입이 심심할 땐 생 야채나 달지 않은 과일은 조금씩 먹어도 OK.
4. 하루에 한 잔, 원두커피나 허브티는 섭취해도 좋습니다.

○ 소미노

1–3일차

아침과 저녁 식사는 음악을 듣거나, 영화를 보면서 발효식과 아미노를 먹는다. 내 몸 속 세포가 먹는 영양이다. 점심에는 발효식을 먹고 책을 읽거나 휴식을 취해 본다.

4일차

보식 첫째 날이다.
디토가루를 아침과 저녁 두 번 배치하여 보식으로 오는 부담을 줄여주고 죽은 노폐물 배출에 도움을 주는 소금 간이 되지 않은 녹두죽을 추천한다.

5일차

디토가루를 두 번 배치하여 탄수화물과 단백질 섭취를 적절히 유지시켜 주며 보식으로 오는 부담을 줄여준다.

6일차

일반식 첫째 날이다. 1/2 일반식 섭취는 앞선 일차들의 칼로리와 유사하게 하여 위의 부담을 줄이고 보식의 의미에 맞는 구성이다.

7일차

6일차와 유사한 식단이지만 일반식을 100% 섭취하여 프로그램이 끝나도 자연스럽게 일반식으로 돌아갈 수 있도록 한다.

프로그램일정

	1–3일	4일	5일	6일	7일
아침	발효식	디토가루	디토가루	디토가루	디토가루
	아미노	아미노	아미노	아미노	아미노
점심	발효식	죽	죽	일반식1/2	일반식
간식	미윤음	미윤음	미윤음	미윤음	미윤음
저녁	발효식	발효식	디토가루	디토가루	디토가루
	아미노				
식후	디토가루	미윤음	미윤음	미윤음	

Q 살을 빼면 체력이 함께 빠져서 고민입니다. 다이어트 정체기라 운동 강도를 높여야 하는 때에 힘이 부족해 오히려 운동량이 줄었어요.

A 지극히 자연스러운 현상입니다. 힘은 질량과 가속도에 비례하기 때문에 체중이 내려가면 힘도 같이 떨어지죠. 이런 부분을 최소한으로 하며 운동을 하려면 식단에 신경을 써야 합니다. 다이어트를 할 때에 기본적으로 먹는 양을 줄이는 경우가 많죠. 하지만 저는 '탄수화물 6 : 단백질 2 : 지방 2'의 비율을 지키면서 전체적인 섭취 칼로리를 기초대사량 이상으로 높이는 것을 권합니다. 다이어트를 하다 보면 빨리 빼고 싶은 조급한 마음에 탄수화물의 양을 줄이거나 전체적인 섭취량을 줄이는 경우가 많은데 이것은 '다이어트의 함정'이라고 말씀드리고 싶네요. 다이어트가 잘 되고 운동량이 팍팍 늘 때 오히려 전체적인 식사량을 늘려야 정체기를 빠져나올 수 있습니다.

Q. 살이 쪘다 빠지기를 반복하다 보니 가슴이 처져버렸습니다. 이미 처진 가슴은 탄력을 되찾기 어려울까요? 부디 해결책을 알려주세요.

A 가슴은 지방이기 때문에 당연히 처질 수 있습니다. 운동을 많이 해도 가슴이 작아지는 경우가 있어요. 하지만 '적당한' 운동은 가슴에 탄력을 불어넣어 주고 쓸모없는 주변 군살을 제거해줄 거예요. 가슴을 돋보이게 할 수 있는 필수 운동 부위는 '등'입니다. 가슴에 탄력을 주고 싶다는데 갑자기 등 운동을 하라니, 무슨 헛소리인가 싶지요? 하지만 가슴을 잡아주는 근육은 등에 있다는 사실! 척추를 곧게 세우면 자연스럽게 가슴을 봉긋하게 'UP' 시킬 수 있답니다. 여기에 가슴을 모아주는 '무릎 꿇고 푸시업', '덤벨 플라이' 등을 병행하면 그 효과는 배가 됩니다.

Q. 원래 하체가 잘 붓는 편이긴 하지만, 러닝머신에서 뛰거나 하체 근력 운동을 하고 나면 하체가 퉁퉁 부어서 고민이에요. 괜히 더 굵어지는 게 아닌가 걱정도 되고요.

A 하체가 붓는 것은 여러 가지 이유가 있어요. 하체의 혈액 순환 장애, 신장 장애, 짜고 매운 음식의 과다 섭취, 장시간 앉거나 서서 일하는 경우 등 다양하죠. 이 경우엔 하체의 혈액 순환 장애라고 보면 되겠네요! 하체의 혈액 순환 장애는 여성이 기본적으로 남성보다 근육량이 적기 때문에 정맥을 압박하는 근육의 힘이 약해 다리의 혈액이 위로 올라가지 못하기 때문입니다. 그래서 상대적으로 근육의 힘이 강한 남성보다 약한 여성의 다리가 더 잘 붓죠. 운동은 멈추지 말고 계속하세요. 근육량이 많아지면 붓는 증상도 점차 줄어들 겁니다.

다리의 부종이 생겼을 땐 가볍게 마사지를 해주거나, 체온을 올리는 반신욕 또는 족욕을 하세요. 앉을 땐 다리를 꼬거나 양반다리, W 다리 등 바르지 못한 자세를 피하는 것도 한 가지 방법입니다.

Q. 회사 생활로 바쁘다 보니 규칙적으로 운동하기 쉽지 않습니다. 버스나 지하철, 사무실 안에서 할 수 있는 생활 속 근력 운동을 소개해주세요.

A 생활 속에서 운동할 생각을 다 하다니 참 현명하시네요! 사실 헬스장에서 1시간 동안 죽어라 운동하는 것보다 생활 속에서 습관처럼 하는 운동이 어쩌면 덜 지겹고 더 효과적일 수 있어요. 일단 아침에 일어나면 크게 기지개를 켜세요. 그리고 양치하는 3분 동안 스쿼트(앉았다 일어서기)를 합니다. 허벅지와 엉덩이, 아랫배가 탄탄해지는 효과를 볼 수 있습니다. 그리고 머리를 말리면서 기마 자세를 유지하세요. 하체 근력 단련에 도움이 됩니다. 출근길이나 퇴근길에는 한 정거장 전

에 내려서 평소 모자란 걸음을 채워보세요. 걷는 것만큼 쉬우면서 효과도 좋은 운동이 없거든요. 또 학교나 회사에서 오래 앉아있을 경우 의자에서 엉덩이를 10cm 정도 띄우고 1분씩 버텨보는 거예요. 이건 티가 나지 않게 할 수 있는 운동이라 좋죠. 탄탄한 애플힙이 될 수 있는 지름길에다 골반 근육 강화에 좋은 케겔 운동도 됩니다. 그 외에도 간단하게는 '책벅지'(허벅지 사이에 책을 끼우고 버티는 방법으로 허벅지 안쪽의 도톰하게 오른 살을 슬림하게 만들고 O자형 다리 교정 효과도 볼 수 있다)와 엘리베이터 대신 계단 이용하기 등을 추천합니다. 이것만으로도 운동 효과는 충분히 낼 수 있어요. 무엇보다 중요한 건 꾸준함이겠죠?

Q. 살이 물렁물렁하면 더 쉽게 빠진다는 게 사실인가요?

A 당연히 YES! 살을 잡아 보면 쉽게 구분할 수 있어요. 물렁물렁한 살의 경우에는 셀룰라이트라 불리는 지방과 기름 덩어리들이 거의 없습니다. 셀룰라이트가 많은 살의 경우에는 피부 속에 오돌토돌하게 올라오는 조그마한 덩어리들이 잡히거나 피부층이 두꺼워져 있는 경우가 많습니다. 일반적인 지방 덩어리라면 운동을 통해 쉽게 제거할 수 있어요. 실제로 꾸준히 운동을 하다 보면 빠지기 직전의 지방은 상당히 말랑말랑합니다. 근육도 아닌 것이 단단하게 자리잡고 있다면 그건 아마도 셀룰라이트일 가능성이 높습니다. 셀룰라이트가 생기는 가장 큰 이유는 운동 부족으로 인해 기초대사량이 저하되어 순환 기능이 떨어져서 노폐물이 배출되지 않고 지방과 결합해 피부 표면에 남기 때문이에요. 셀룰라이트를 없애기 위해서는 규칙적인 운동과 식습관이 중요하다는 '정직한 답변'밖에 드릴 수 없겠네요(지방을 제거할 수 있는 주사를 맞거나 약을 먹는 것은 사실상 건강에 좋지는 않아요). 직접적으로 자극을 줄 수 있는 마사지와 스트레칭을 함께 하면 훨씬 더 빠르고 건강하게 셀룰라이트를 제거할 수 있습니다.

Q. 운동을 시작하려고 합니다. 종종 인터넷 기사를 읽다 보면 어떤 박사는 식전이 좋다고 하고 어떤 의사는 식후가 좋다고 합니다. 운동은 식전에 하는 것이 좋은가요, 식후에 하는 것이 좋은가요? 다이어트에는 어느 방법이 더 효과적인가요?

A 이런 말 들어보셨나요? '살을 빼는 건 아침 공복 유산소 운동이 제일 좋다!' 아침에 잠에서 깨면 완벽한 공복 상태가 됩니다. 우리 몸은 음식을 섭취하고 나면 탄수화물을 에너지원으로 제일 먼저 가져다 쓰고 그 다음에 지방을 에너지원으로 씁니다. 공복이라 함은 몸속에 탄수화물이 많지 않은 상태라고 생각하시면 돼요. 그래서 잠에서 깨어 유산소 운동을 하게

되면 지방을 가져다 에너지원으로 쓰기 때문에 살이 빠지게 되지요. 이래서 '아침 공복의 유산소 운동'이 좋다고 하는 거예요.

하지만 웨이트 트레이닝은 다릅니다. 일반적으로 웨이트 트레이닝을 하기에 가장 좋은 시간은 우리 몸의 신진대사가 가장 활발한 때인 오후 4시 이후입니다. 특히나 웨이트 트레이닝은 근육을 직접적으로 움직이며 힘을 써야 하기 때문에 음식 섭취가 필수입니다. 식사를 했거나 운동 전 공복감 해소를 위해 바나나, 고구마 등을 먹었다면 1~2시간 이후에 운동을 시작하는 것이 가장 좋습니다. 그래서 결론은 뭐냐고요? '아침 공복의 유산소 운동'이 아니라면 '음식 섭취를 한 후 웨이트 트레이닝과 유산소 운동'을 함께 하는 게 좋습니다. 그래야 운동량을 높일 수 있기 때문에 보다 효과적인 다이어트라 말할 수 있습니다. 공복의 유산소 운동은 금방 지쳐 포기하기 십상이니까요.

Q. 많은 연예인들이 기구를 사용해 웨이트 트레이닝 하는 것을 보았습니다. 혹시 프리 웨이트 운동이 머신 운동보다 효과가 떨어져서 그런 건가요?

A 머신 운동의 장점은 '고정된 운동 범위'라는 것입니다. 운동을 처음 하는 사람들에겐 '안정적인 자세'로 '안정적인 범위' 내에서 할 수 있기 때문에 그 효과가 더 큽니다. 하지만 개인이 가지고 있는 최대 운동 범위를 사용할 수 없다는 단점도 있죠.

프리 웨이트 운동의 장점은 '최대 운동 범위' 사용에 의한 안정근 발달입니다. 고정되어 있지 않은 바벨과 덤벨로 운동을 하기 때문에 신체 밸런스를 맞추는 데 효과적이죠. 또 각 관절의 최대 범위로 운동할 수 있기 때문에 관절을 이루고 있는 안정근 발달과 보다 집중적이고 높은 에너지 소비를 이루어낼 수 있습니다. 하지만 고정되어 있지 않기 때문에 상해의 위험이 높고, 원하는 만큼의 운동량을 성취하지 못할 수도 있습니다. 초보자의 경우에는 기본적인 머신 운동을 통해 근력을 향상시킨 후 다음 단계로 프리 웨이트 운동을 하는 것을 추천합니다.

물!
왜 마셔야
할까?

우리 몸은 약 60%가 물로 구성되어 있다. 몸속에서 중요한 역할을 담당하는 뇌와 근육(약 75%), 심지어 뼈조차도 약 25%가 물로 이루어져 있고 개인차가 있겠지만 우리 몸은 하루 평균 대소변으로만 약 1.5L, 그리고 땀과 호흡으로 1L 정도의 수분을 배출한다. 운동을 하거나 기타 여러 환경 요인 등에 따라 수분 배출량은 더 늘어날 수 있겠다. 몸속에 있는 수분은 자꾸 몸 밖으로 빠져나가는데 보충을 해주지 않으면 어떻게 될까?

살면서 목마르다는 느낌은 누구나 경험해봤을 것이다. '물을 마셔야지'라고 늘 생각은 하고 있지만 정작 현실은 어떤가? 운동할 때조차도 귀찮다, 힘들어서 기력이 없다, 등의 핑계들로 목이 마를 때까지 참는 경우가 많다. 하지만 여기 중요한 하나의 사실이 숨어있는데 목마르다는 신호는 이미 우리 몸속의 수분이 1~2%나 손실되었을 때 나타나는 현상이라는 것이다. 이미 우리 몸속에서는 'Give me some water!'라고 소리치고 있다고 생각하면 된다.

여기서 잠깐! '겨우 1~2% 손실된 것 가지고 유난은……'이라고 생각하는 사람들도 분명히 있겠지만 그런 사람들을 위해 좀 더 상세히 설명하려고 한다. 우리 몸의 수분이 3~4%가 손실되면 구토와 불안정한 감정을 느끼게 되는데 운동을 하다가 심장이 쿵쾅쿵쾅 뛰고 가슴이 답답하고 현기증이 났던 경험은 한 번쯤 있을 것이다. 그건 운동 강도가 높아서일 수도 있지만 수분 손실도 이유가 될 수 있다는 것을 명심해야 한다.

현대인들은 바쁜 와중에도 시간을 내서 다양한 운동을 한다. 러닝머신 위에서 지겨움을 참으며 한 시간씩 걷는 이유는 물론 건강 때문이겠지만, 여성들의 대부분은 살을 빼기 위해서일 것이다. 하지만 러닝머신 위에서 또는 유산소 운동을 하면서 물 섭취를 규칙적으로 하는 사람은 많지 않다.

우리 몸에서 수분이 5~10% 이상 손실되기 시작하면 유산소 능력이 20~30%가량 감소되기 시작한다. 우리가 러닝머신 위에서 지겨움을 참으며 뛰었던 한 시간이 물거품이 되는 것이다. 체내의 수분이 5% 손실된다는 것은 우리 몸을 돌아다니며 다양한 영양소와 에너지를 공급하는 혈액(약 90%가 물)의 수분이 10%가량 손실되는 것을 의미한다. 혈액의 농도가 짙어지면 산소를 운반하기 어렵고 물질을 운반하는 능력도 저하되어 운동 능력이 감소된다. 우리가 운동할 때에는 땀을 많이 흘리는데 그것에 대비해 운동하기 1~2시간 전쯤에 500mL가량의 물을 섭취해주는 게 좋다. 땀을 흘리며 운동할 때에는 시간당 1L가량의 수분이 손실된다고 하니 5~10분 간격으로 땀 흘리는 정도에 맞춰 물 섭취를 해주면 된다.

물론 모르는 사람은 없을 것이다. 물은 칼로리가 없어서 절대 살이 찌지 않는다는 사실! 더 이상은 물을 안 마시고 참아가며 운동하는 사람이 없을 거라고 믿는다. 운동 후 줄어든 체중은 그만큼 탈수가 일어났다고 생각하면 된다. 수분을 보충하면 언제든 다시 돌아오는 체중이다. 하루 동안 섭취해야 하는 물의 정확한 양은 없다. 다른 사람과 다른, 나만을 위한 것에 열광하는 요즘 같은 시대에 물 섭취라고 다른 사람하고 똑같이 마실 필요는 없다. 개인마다 신체조건, 근육과 지방의 비율, 생활환경에 따라 권장 섭취량이 달라질 수 있으니 참고만 해주세요. 요즘은 간편하게 (체중×33)으로 계산하는 방법을 많이 사용하고 있어요. 예를 들면 몸무게가 60kg이면 (60×33 = 1,980)이므로 약 2L의 물을 마시면 된다.

물 대신에 이온음료나 카페인이 함유된 음료에 대해서 말하자면, 혹시 시중에서 판매되고 있는 이온음료를 구매할 때 성분표를 자세히 본 적 있나? 대부분 100mL에 약 120~150kcal나 되고 축구선수들처럼 한 시간 동안 열심히 뛰는 게 아니라면 살 빼려고 운동하는데 굳이 칼로리 높은 이온음료를 마셔야 할까? 대신 카페인이 함유되어 있는 음료는 운동 전에 섭취하면 신진대사를 높일 수 있어 추천한다. 당연히 칼로리가 높은 에너지 음료는 권하지 않는다.

이제 물을 왜 마셔야 하는지 조금은 이해가 되었다면 바쁜 일상 중에 틈틈이 마시는 물 한 잔으로 건강과 최고의 운동 효과를 누려보자.

운동 또는 다이어트를 해본 사람이라면 식단 관리를 해본 경험이 있을 것이다. 많은 사람들이 체중 감량을 목표로 운동을 할 때 제일 많이 하는 착각이 '적게 먹은 만큼 빠진다'고 생각하는 것이다. 탄력 없이 축 처진 살이라도 삐쩍 마른 몸을 원한다면 상관 없겠지만, 사실 이러한 봄은 요요가 찾아오기 가장 쉬운 몸이다.

이것과 마찬가지로 가장 많은 오류를 범하는 부분이 '소금' 섭취에 관한 것이다. 일반적으로 식단 관리를 하면서 무염식을 선택하는 이유는, 짠 반찬들을 많이 먹으면 그 짠맛을 없애기 위해 밥을 더 많이 먹게 되어 전체적인 섭취 칼로리가 높아지고 결과적으로 다이어트에 부정적인 영향을 끼치기 때문이다. 또 다른 이유로는 나트륨 섭취를 줄임으로써 몸속의 전체적인 수분 보유량을 낮출 수 있고 그로 인해 눈으로 보여지는 피부층이 얇아져 몸의 윤곽이 또렷해지기 때문이다. 하지만 소금은 그렇게 쉽사리 놓아서는 안 되는 귀한 존재다. '세상의 소금이 되어라'라는 가르침은 이 세상을 살아가면서 꼭 필요한 사람이 되라는 큰 뜻을 지녔다. 이처럼 소금은 소중하고 꼭 필요한 것을 상징적으로 표현할 때 자주 쓰이는 단어다. 즉, 우리의 생명과 식생활에서도 꼭 필요한 역할을 한다.

여기서 잠깐! 나트륨이 우리 몸속에서 하는 역할에 대해 알아보자.

나트륨은, 첫째 삼투압을 통하여 체내 수분까지 조절하는 역할을 하고, 둘째 산-알칼리(pH)의 평형 조절 역할로 근육의 수축과 이완에 관여하며, 셋째 에너지 물질의 체내 저장을 돕는 역할 등 다양한 역할을 하고 있다. 또 소금은 독이 없으면서 기생충을 없애주고, 설사와 토를 하는 곽란 증상에도 효과적이라는 설명이 동의보감에 명시돼 있다. 그 정도로 소금은 과거로부터 내려온 명약임에 틀림이 없다.

그렇다면 이상적인 식용 소금은 무엇일까? 바로 천일염이다. 천일염은 각종 미네랄이 풍부하고 나트륨 함량이 낮으며 끝 맛이 달짝지근해 음식에 감칠맛을 더한다. 특히 우리나라 천일염은 미네랄 함량이 세계적으로도 뒤지지 않을 정제염도 순수 바닷물로만 만들어지지만, 단지 이온교환막을 통과하고 씻고 끓이는 과정을 통해 불순물 제거 공정을 거친다는 것에 차이가 있다. 이 과정에서 미네랄이 손실되고 염화나트륨만 남지만 안전한 소금을 만들기 위함이라고 한다.

그럼 다시 본론으로 돌아오자. 다이어트 중에는 바나나, 고구마, 브로콜리 등의 섭취가 많은데, 이들 대부분은 칼륨을 포함하고 있다. 칼륨은 우리 몸속의 나트륨을 몸 밖으로 배출시키는 역할을 하는데, 무염식을 하면 바나나, 고구마 등을 섭취함으로써 채워지는 칼륨과 나트륨의 비율이 지극히 비정상적으로 변한다. 또 나트륨 부족으로 인해 되려 부종이 생기거나 운동 능력이 저하되고, 근육의 강직(일명 쥐)이 발생해 목표한 운동량만큼 채우지 못해 오히려 다이어트에 부정적인 영향을 끼친다. 그러므로 어떠한 경우에도 소금 섭취를 전혀 안 하는 무염식 식단은 추천하지 않는다. 다이어트를 하면서 음식의 종류를 제한하고 염분의 섭취를 줄이는 것은 기한 내에 보다 효과적인 다이어트를 하기 위해서이다. 하지만 평생 무염식을 먹고 살 자신이 없다면 소금을 적당히 섭취하도록 하자. 대신 식사 때마다 칼륨이 많은 식품들(아보카도, 샐러리, 브로콜리, 시금치, 바나나, 양배추, 감자 등)을 적절히 섞어 섭취하자.

특히 최근에 원푸드 다이어트, 레몬 디톡스 다이어트, 원시인 다이어트 등 수많은 무염식, 저염식 다이어트 방법이 소개되고 있는데, 몸속의 나트륨을 고갈시키는 것은 잘못된 상식에서 비롯된 방법이니 더는 따라하지 않길 바란다.

설탕에는
대체물이 많지만
소금에는
대체물이 없다

"당신의 삶에
터닝포인트"

건강은 친구처럼, 연인처럼 늘 곁에 두어야 한다고 생각합니다. 그만
큼 오랫동안 꾸준히 해야 한다는 뜻입니다. 몸이 건강해야 마음도 건
강해집니다. 건강을 잃으면 자신이 향하고 있는 목표에 다가서기가 더
힘들어지기 때문입니다.

그동안 저와 함께 열심히 운동을 해서 뿌듯함을 느끼는 사람들도 있
지만, 그렇지 않은 사람들도 있었습니다. 그때마다 저는 그 사람들을
변화시키는 것이 마치 사명감인 양 틀에 박힌 프로그램과 시스템으로
많은 시간을 할애했습니다. 운동을 시작한 지 15년 동안 건강을 지도
하는 트레이너로서, 항상 모범이 되어야 한다는 생각에 그 흔한 감기
조차 걸리지 않으려고 노력했습니다. 운동이면 운동, 식단이면 식단
등 정직하게 관리해왔다고 자부했습니다.
하지만 최근 들어 우물 안의 개구리처럼 갇혀 있었다는 생각이 들게
되면서 좀 더 유연하게 할 수 있다는 것을 깨달았습니다. 물론 그동안
해왔던 방법들이 잘못되었다는 것은 아닙니다. 정확한 운동과 체계적
인 시스템도 중요하지만 보다 중요한 것이 있다는 것을 깨달았다는 것
입니다. 그것은 바로 '즐거움'입니다.

그동안 끊임없이 말해왔습니다.
"왜 운동하세요? 운동하는 목적이 뭔가요?"
"즐거워지기 위해, 행복해지기 위해 운동하는 거 아닌가요?"
"운동하면서는 스트레스 받지 마세요. 즐겁게 운동해야죠!"

그러나 이제와 생각해 보니 말뿐인 위로였습니다.

"여러분은 운동을 하는 이유가 무엇인가요?"
"자신의 변화된 모습을 보기 위해 다이어트를 시작했나요?"
"고구마와 닭가슴살만 먹으며 주변 사람들에게 짜증을 내고 있진 않나요?"
"내가 왜 이렇게까지 하고 있을까, 라고 반문해보진 않았나요?"
"운동시간이 기다려지기보다는 '오늘은 또 어떻게 한 시간을 채우지?'라며
 푸념 섞인 한탄을 하고 있진 않나요?"

날씬해지기 위해 다이어트를 하고, 건강한 몸을 만들기 위해 열심히 운동을 합니다. 보다 효과적으로 목표
에 도달하기 위해 음식도 조절하고 생활습관도 보다 규칙적으로 변화시키려 노력합니다. 하지만 이 과정
에 재미가 없고, 왜 해야 하는지 모른 채 전문가가 시키니까, 누가 이렇게 해서 효과를 봤다니까 따라하는
것은 좋은 방법이 아닙니다.
살을 빼고 몸을 만드는 것은 분명 어렵고 힘이 드는 과정임에 틀림없습니다. 하지만 그동안 자신의 잘못된
생활습관과 버릇들을 고쳐나가는 단계이기 때문에 힘이 드는 것이지 그 과정 자체가 절대 힘들고 어렵지
만은 않습니다. 보다 재미있고 즐겁게 할 수 있는 능동적인 방법이 분명 있으니까요.

"거울 앞에 서서 하루하루 변해가는 자신의 몸을 바라보면서 성취감을 느껴 보십시오."
"다이어트 때문에, 식스팩 때문에 등 '무엇' 때문에 운동하지는 마십시오."
"하루에 30분, 1시간 등 운동 시간을 정하지 말고 그날의 컨디션에 맞춰 운동하십시오."

전날 러닝머신을 50분 뛰었다고 해서 오늘도 50분 뛸 필요는 없습니다. 벤치프레스를 100kg 들었다고 해
서 항상 100kg을 들어야만 하는 규칙은 없습니다. 그날그날의 컨디션과 수면 시간, 스케줄에 맞춰 운동하
십시오. 나의 100% 운동량이 아닌, 오늘 컨디션의 100% 운동량을 목표로 하는 것입니다. 그렇게 즐겁게
운동하다 보면 어느 순간 자신이 목표한 체중에 도달하고 멋진 식스팩과 섹시한 바디라인을 만날 수 있
을 것입니다.
누구에게나 차별 없이 주어진 하루 24시간! 자신에게 주어진 시간을 어떻게 쓰느냐에 따라 1년 걸릴 목표
가 6개월로 단축되기도 하고, 수년으로 연장되기도 합니다. 자기 자신이 정한 운동 기간이 6개월이든, 1년
이든, 쉽지만은 않은 시간이 될 겁니다. 하지만 운동을 즐긴다면 이 시간이 보다 빠르게 지나가고, 보다 유
익하게 남으리라 믿어 의심치 않습니다.
책에 소개된 운동법으로 새로운 도전을 시작해 보십시오. 몸이 건강해지면 삶도 풍요로워 질 것입니다. 독
자 여러분의 변화된 모습을 보면 저도 행복할 것 같습니다. 마지막으로, 운동은 확실한 목표와 의지력이 중
요하다는 것을 강조하고 싶습니다.

자, 그럼 이제 운동을 시작해봅시다.

트레이너 권준호

약속해. 그만 뚱뚱해지기로

2주안에
몸매만들기

펴낸날	초판 1쇄 2018년 8월 24일
지은이	권준호
펴낸이	김봉기
출판총괄	임형준
기획편집	김정혜
마케팅	정상원, 이정훈, 김재실, 한세진
펴낸곳	FIKA[피카]
주소	서울시 강남구 논현로 622. 4층
전화	02-6203-0552
팩스	02-6203-0551
이메일	fika@fikabook.io
등록	2018년 7월 6일 (제 2018-000216호)
ISBN	979-11-964403-1-2